近代政治史系列

革命根据地史话

*A Brief History of
the Revolutionary Base Areas in China*

马洪武　王明生 / 著

社会科学文献出版社
SOCIAL SCIENCES ACADEMIC PRESS (CHINA)

图书在版编目（CIP）数据

革命根据地史话/马洪武，王明生著. —北京：社
会科学文献出版社，2011.8
　（中国史话）
　ISBN 978 - 7 - 5097 - 2090 - 5

　Ⅰ.①革… Ⅱ.①马… ②王… Ⅲ.①革命根据
地 - 史料 - 中国　Ⅳ.①K269.06

中国版本图书馆 CIP 数据核字（2011）第 111380 号

"十二五"国家重点出版规划项目

中国史话·近代政治史系列

革命根据地史话

著　　者/马洪武　王明生

出 版 人/谢寿光
总 编 辑/邹东涛
出 版 者/社会科学文献出版社
地　　址/北京市西城区北三环中路甲 29 号院 3 号楼华龙大厦
邮政编码/100029

责任部门/人文科学图书事业部　（010）59367215
电子信箱/renwen@ssap.cn
责任编辑/孔　军　宋荣欣
责任校对/李　敏
责任印制/岳　阳
总 经 销/社会科学文献出版社发行部
　　　　　（010）59367081　59367089
读者服务/读者服务中心（010）59367028

印　　装/北京画中画印刷有限公司
开　　本/889mm×1194mm　1/32　印张/5.875
版　　次/2011 年 8 月第 1 版　　字数/108 千字
印　　次/2011 年 8 月第 1 次印刷
书　　号/ISBN 978 - 7 - 5097 - 2090 - 5
定　　价/15.00 元

总　序

中国是一个有着悠久文化历史的古老国度，从传说中的三皇五帝到中华人民共和国的建立，生活在这片土地上的人们从来都没有停止过探寻、创造的脚步。长沙马王堆出土的轻若烟雾、薄如蝉翼的素纱衣向世人昭示着古人在丝绸纺织、制作方面所达到的高度；敦煌莫高窟近五百个洞窟中的两千多尊彩塑雕像和大量的彩绘壁画又向世人显示了古人在雕塑和绘画方面所取得的成绩；还有青铜器、唐三彩、园林建筑、宫殿建筑，以及书法、诗歌、茶道、中医等物质与非物质文化遗产，它们无不向世人展示了中华五千年文化的灿烂与辉煌，展示了中国这一古老国度的魅力与绚烂。这是一份宝贵的遗产，值得我们每一位炎黄子孙珍视。

历史不会永远眷顾任何一个民族或一个国家，当世界进入近代之时，曾经一千多年雄踞世界发展高峰的古老中国，从巅峰跌落。1840年鸦片战争的炮声打破了清帝国"天朝上国"的迷梦，从此中国沦为被列强宰割的羔羊。一个个不平等条约的签订，不仅使中国大量的白银外流，更使中国的领土一步步被列强侵占，国库亏空，民不聊生。东方古国曾经拥有的辉煌，也随着西方列强坚船利炮的轰击而烟消云散，中国一步步堕入了半殖民地的深渊。不甘屈服的中国人民也由此开始了救国救民、富国图强的抗争之路。从洋务运动到维新变法，从太平天国到辛亥革命，从五四运动到中国共产党领导的新民主主义革命，中国人民屡败屡战，终于认识到了"只有社会主义才能救中国，只有社会主义才能发展中国"这一道理。中国共产党领导中国人民推倒三座大山，建立了新中国，从此饱受屈辱与蹂躏的中国人民站起来了。古老的中国焕发出新的生机与活力，摆脱了任人宰割与欺侮的历史，屹立于世界民族之林。每一位中华儿女应当了解中华民族数千年的文明史，也应当牢记鸦片战争以来一百多年民族屈辱的历史。

当我们步入全球化大潮的 21 世纪，信息技术革命迅猛发展，地区之间的交流壁垒被互联网之类的新兴交流工具所打破，世界的多元性展示在世人面前。世界上任何一个区域都不可避免地存在着两种以上文化的交汇与碰撞，但不可否认的是，近些年来，随着市场经济的大潮，西方文化扑面而来，有些人唯西方为时尚，把民族的传统丢在一边。大批年轻人甚至比西方人还热衷于圣诞节、情人节与洋快餐，对我国各民族的重大节日以及中国历史的基本知识却茫然无知，这是中华民族实现复兴大业中的重大忧患。

中国之所以为中国，中华民族之所以历数千年而不分离，根基就在于五千年来一脉相传的中华文明。如果丢弃了千百年来一脉相承的文化，任凭外来文化随意浸染，很难设想13亿中国人到哪里去寻找民族向心力和凝聚力。在推进社会主义现代化、实现民族复兴的伟大事业中，大力弘扬优秀的中华民族文化和民族精神，弘扬中华文化的爱国主义传统和民族自尊意识，在建设中国特色社会主义的进程中，构建具有中国特色的文化价值体系，光大中华民族的优秀传统文化是一件任重而道远的事业。

当前，我国进入了经济体制深刻变革、社会结构深刻变动、利益格局深刻调整、思想观念深刻变化的新的历史时期。面对新的历史任务和来自各方的新挑战，全党和全国人民都需要学习和把握社会主义核心价值体系，进一步形成全社会共同的理想信念和道德规范，打牢全党全国各族人民团结奋斗的思想道德基础，形成全民族奋发向上的精神力量，这是我们建设社会主义和谐社会的思想保证。中国社会科学院作为国家社会科学研究的机构，有责任为此作出贡献。我们在编写出版《中华文明史话》与《百年中国史话》的基础上，组织院内外各研究领域的专家，融合近年来的最新研究，编辑出版大型历史知识系列丛书——《中国史话》，其目的就在于为广大人民群众尤其是青少年提供一套较为完整、准确地介绍中国历史和传统文化的普及类系列丛书，从而使生活在信息时代的人们尤其是青少年能够了解自己祖先的历史，在东西南北文化的交流中由知己到知彼，善于取人之长补己之短，在中国与世界各国愈来愈深的文化交融中，保持自己的本色与特色，将中华民族自强不息、厚德载物的精神永远发扬下去。

《中国史话》系列丛书首批计200种，每种10万字左右，主要从政治、经济、文化、军事、哲学、艺术、科技、饮食、服饰、交通、建筑等各个方面介绍了从古至今数千年来中华文明发展和变迁的历史。这些历史不仅展现了中华五千年文化的辉煌，展现了先民的智慧与创造精神，而且展现了中国人民的不屈与抗争精神。我们衷心地希望这套普及历史知识的丛书对广大人民群众进一步了解中华民族的优秀文化传统，增强民族自尊心和自豪感发挥应有的作用，鼓舞广大人民群众特别是新一代的劳动者和建设者在建设中国特色社会主义的道路上不断阔步前进，为我们祖国美好的未来贡献更大的力量。

陈奎元

2011 年 4 月

⊙马洪武

马洪武，1934年1月生，江苏省涟水县人，南京大学教授。长期从事国际共产主义运动史、中共党史、中国革命史、中国革命根据地史的教学与研究。出版《中国革命根据地史研究》、《中国革命史》、《新四军与抗日战争》、《新四军发展史》、《华中抗日根据地史》等40多部著作，其中《新四军发展史》、《华中抗日根据地史》分别获得山西省"五个一工程奖"和江苏省哲学社会科学优秀成果一等奖。曾担任1998年八一建军节期间在中央电视台一套播出的大型文献纪录片《铁的新四军》的总制片人。

⊙王明生

（作）（者）（小）（传）

王明生，1963年2月生，安徽省无为县人。南京大学历史学博士。现任南京大学教授、博士生导师、社会科学处处长，南京大学文科学术委员会秘书长，南京大学高级职称评聘委员会委员等。出版《思想的力量：马克思主义中国化的历史进程》、《毛泽东邓小平经济设计研究》、《中国敌后战场》等6部著作，参与撰写著作10多部，发表学术论文60余篇，承担国家和省部级人文社科研究项目7项，其学术成果曾获江苏省高校哲学社会科学优秀成果一等奖和教育部人文社会科学优秀成果奖。

目 录

一　土地革命时期根据地的
创立与发展

　路在何方　工农武装割据

　　1927 年，轰轰烈烈的中国大革命，由于蒋介石和汪精卫相继背叛而中途夭折了。中国处于一片腥风血雨之中。刚刚成立 6 年的中国共产党面临着生死存亡的严峻考验：从 1927 年 3 月到 1928 年 6 月，共产党员被杀 2.6 万人，革命群众被杀害近 30 万人；党的组织不断遭到严重破坏，党的许多著名活动家相继被捕牺牲，一些不坚定分子纷纷脱离党团组织，有的甚至向敌人屈膝投降，带着敌人搜捕革命同志，党员数量在白色恐怖中由 6 万人急剧下降到 1 万余人。革命转入低潮。

　　然而，不是一切劫后余生者都泯灭血性，弯曲了脊梁。真正的共产党人，从地上爬起来，擦干净身上的血迹，掩埋好同伴的尸首，拿起武器，重新站立起来，掀起了一场席卷神州的土地革命风暴。

　　1927 年 8 月 1 日，中国共产党人周恩来、朱德、贺龙、叶挺、刘伯承等率先在南昌发动武装起义，打响了武装反抗国民党的第一枪。

南昌起义，像春雷，像闪电，震慑了国民党反动派，使千百万革命群众在经历了一系列严重挫败后，又在黑暗中看到了高高擎起的革命旗帜。

南昌起义后，中共中央于8月7日在汉口召开紧急会议。会议旗帜鲜明地清算了大革命后期以陈独秀为代表的右倾机会主义错误，确定了土地革命和武装反抗国民党的总方针，决定立即派干部到各地组织农民举行秋收起义。在这次会上，毛泽东慷慨陈词，提出了"须知政权是由枪杆子中取得的"的著名观点。

八七会议后，中共中央发出一系列指示，对湖南、湖北、江西、广东4省的秋收起义作了具体部署，并把农民运动基础较好的湖南作为起义的重点。

为了加强对秋收起义的领导，中共中央决定派临时中央政治局候补委员毛泽东，以中共中央特派员的身份赴湖南组织秋收暴动。

9月9日，在毛泽东领导下，震撼全国的湘赣边界秋收起义爆发。

湘赣边界秋收起义，首次公开打出了中国共产党的旗帜，进一步在全国人民面前表明了中国共产党独立领导革命战争的决心。

继秋收起义后，中国共产党人张太雷、叶挺、叶剑英等领导了广州起义，贺龙、周逸群领导了洪湖农民起义，符向一、潘忠汝、吴光浩等领导了黄（安）麻（城）起义，彭湃等领导了海陆丰起义，杨善集、冯平等领导了琼崖起义，马尚德（后改名杨靖宇）领导了确山农民起义，方志敏、黄道、邵式平等领导了弋（阳）横（峰）起义，郭滴人、邓子恢等领导了闽西农民起义，刘志丹、唐澍领导了渭华起义，等等。

一次又一次武装起义，充分展示了中国共产党和革命人民英勇不屈、前赴后继的斗争精神，给处在历史转折关头的中国革命带来了新的希望，给血腥镇压革命的国民党以有力的反击。同时，又将一个尖锐的问题摆在年轻和处于逆境中的共产党人面前：中国革命道路究竟该如何走？是继续用我们有限的革命武装与敌人争夺大中城市、坚持城市武装暴动，还是改变策略，到敌人统治力量比较薄弱的农村去，养精蓄锐，发展革命力量？对此，党内不少同志，教条主义地照搬苏联模式，选择了前者，而毛泽东等冷静客观地分析了中国革命的实际，大胆地选择了后者。

1927年9月29日，毛泽东率秋收起义余部，转战到江西永新的三湾村。针对起义失败后，部队士气低落、思想混乱、减员严重、组织涣散的状况，在偏僻的三湾村，毛泽东进行了著名的三湾改编。

三湾改编实现了毛泽东治军的最重要措施——党指挥枪，即在部队建立党的各级组织，班有党小组，连有党支部，团有党委，在连以上各级设置党代表，并且成立了党的"前敌委员会"，毛泽东亲自任书记。

三湾改编后，毛泽东率部队进抵宁冈县古城。在古城，毛泽东召开了前委扩大会议，讨论在井冈山"安家落户"，建立根据地的问题。

在会上，分歧较严重，与会者争得面红耳赤。有的同志提出，建立农村革命根据地的事，国际上没有先例，在马克思列宁主义经典著作上也找不到记载；有的同志则坚持说：农村不是我们的方向，我们目前的中心任务是进攻中心城市，放弃城市不打就是逃避斗争，是右倾的表现；有的同志还充满激情地大声疾呼：你们必须懂得，我们的革命是无产阶级的革命，主要革命力量就是工人、工人！懂吗？那么，请问我们到农村依靠谁呢？难道去"占山为王"吗？这叫什么革命！

面对各种不同意见，毛泽东耐心地阐述道："现在我们要在井冈山'安家'，准备'占山为王'，但我们这个'山大王'是特殊的'山大王'，是有马列主义指导的、共产党领导的，有主张、有政策、有办法的'山大王'。大家想想看：哪个朝代消灭过山大王？哪个皇帝真正统治过这些地方？一个普通的山大王他们都消灭不了，难道他们能消灭我们吗？"这一席话使会场上安静下来，人们静静地听着毛泽东的分析："目前的形势是敌强我弱，敌大我小，敌人一贯长期地占据着中心城市，如果我们还没有足够的力量战胜敌人，而又硬要同敌人硬拼，就是拿鸡蛋去碰石头。长沙，并不是不想要，而是现在不能要。我们今天的战略退却，就是到敌人统治力量薄弱的农村去养精蓄锐，发展我们的力量，实行工农武装割据，以待将来有足够的力量去夺取长沙，夺取全国的胜利。"

会议经过充分讨论，通过了毛泽东的正确主张：

在以宁冈为中心的罗霄山脉中段积极开展武装斗争，实行湘赣边界工农武装割据，广泛发动群众进行土地革命，创造罗霄山脉中段红色政权，建立井冈山革命根据地。

1927年10月下旬，毛泽东率湘赣边界起义的工农革命军到达井冈山茨坪，顺利改造了当地两支带有劫富济贫色彩的绿林武装，在井冈山及其周围地区发动群众，开展游击战争，建立地方武装和地方党组织，以及工农兵苏维埃政府。到1928年2月，以毛泽东为书记的中共湘赣边前敌委员会，奠定了以宁冈为中心的湘赣边界"工农武装割据"的坚实基础，井冈山革命根据地初具规模。

1928年4月，朱德、陈毅率领的南昌起义余部和湘南起义的农民，来到井冈山，实现了历史上有名的"朱毛会师"。两军会师后，5月4日宣布成立中国工农革命军第四军，由朱德任军长，毛泽东任党代表和军委书记，陈毅任政治部主任，下辖2个师共6个团和1个教导大队。6月，中国工农革命军改称为中国工农红军第四军，简称红四军。

红四军成立后，获得迅速发展，湘赣边界的各级工农兵政府如雨后春笋般纷纷建立起来，井冈山根据地掀起了土地革命的热潮。

在井冈山，毛泽东结合一年多来湘赣边界的斗争实践，针对当时党内还存在的一些右倾悲观思想，于1928年10月和11月写下了《中国的红色政权为什么能够存在?》、《井冈山的斗争》两篇不朽文章，精辟地分析了中国红色政权发生和存在的原因与条件，从理论上初步阐述了农村包围城市，武装夺取政权的中国革命新道路理论。在怎样走农村包围城市道路的问题上，毛泽东响亮地提出了震古烁今的6个大字——工农武装割据，即在无产阶级及其政党领导下，以武装斗争为主要斗争形式，以土地革命为基本内容，以革命根据地为依托，三者紧密结合，最后夺取全国革命的胜利。

八七会议，确定了实行土地革命和武装反抗国民党反动派的总方针，但究竟如何实行土地革命，如何武装反抗国民党反动派，只能在革命的实践中去探索。此时，毛泽东把马克思列宁主义与中国革命的具体实践相结合，创建了第一块农村革命根据地——井冈山根据地，创造性地为中国革命开辟了一条农村包围城市，武装夺取政权的革命新道路。历史已经证明，这是中国革命唯一正确的道路。

然而在当时，个人的远见卓识，要想成为全党的共识，还需要时间和等待。

运筹帷幄　创建中央苏区

1929年1月，为粉碎敌人对井冈山的重兵围攻和经济封锁，开辟新的革命根据地，毛泽东、朱德、陈毅等率红四军主力，顶风冒雪，离开井冈山，向赣南、闽西挺进。

在赣南、闽西，红四军在地方党组织和红军、游击队的协助下，迅速打开了那里的革命局面，摧毁了地方的一些反革命武装，镇压了很多地主恶霸，将广大人民群众发动起来，分别建立以兴国、于都、宁都为中心的赣南革命根据地和以长汀、龙岩、永定、上杭为中心的闽西革命根据地，同时，在赣南、闽西等地建立了县、区、乡级苏维埃政权和各级地方党组织。经过艰苦卓绝的斗争，到 1930 年春，赣南根据地已发展到辖有 30 余县，横断江西半壁，纵横赣江流域数千里的广大区域；闽西根据地虽迭遭挫折，也发展到辖 7 县，纵横 300 余里的广大地区。赣南、闽西革命根据地成为中央革命根据地的基本区域。同年 3 月，以曾山、邓子恢分别担任政府主席的赣西南、闽西苏维埃政府相继成立。

1930 年 5 月，中共中央在上海召开了第一次苏维埃区域代表会议，为建立苏维埃中央政府作了准备。与此同时，召开了全国红军代表会议，作出了关于红军的决议案，颁布了中国工农红军编制草案，确定各地红军分别集中组成军团，军团以下按"三三制"建立军师团等组织。6 月，根据中共中央的决定，赣南、闽西根据地的主力红军合编为中国工农红军第一军团，朱德任总指挥，毛泽东任前委书记兼政治委员，下辖红四、三、十二军。8 月，红一军团与红三军团在浏阳永和会师，组成第一方面军，朱德任总司令，毛泽东任前委书记兼政治委员，辖第一、三军团，共 3 万余人。

红一方面军在围攻长沙失利后，挥师赣西，进占株洲、醴陵、萍乡等地，10 月轻取赣西重镇吉安，解放了赣西南广大地区，使赣江两岸根据地连成一片，并成立了曾山任主席的江西省苏维埃政府。

1930年10月，正当中央革命根据地飞速发展之际，蒋冯阎大战结束，蒋介石掉转枪口，集中10万主力，任命国民党江西省主席兼第九路军总指挥鲁涤平为陆海空军总司令，张辉瓒为前线总指挥，采取分进合击的作战方针，向中央革命根据地发动了第一次大规模的军事"围剿"。

面对10万强敌，毛泽东决定以4万弱旅，采取诱敌深入的战术，将其击溃。

12月上旬，进入根据地的敌军，由于沿途受到根据地军民的阻击、袭扰，加上根据地实行坚壁清野，使敌军给养困难，饥饿疲惫，士气低落，减员很大。

12月30日，红军主力在毛泽东、朱德指挥下，包围了孤军深入根据地龙冈地区的国民党军第十八师，歼敌9000余人，俘敌第十八师师长、敌前线总指挥张辉瓒，随后又乘胜包围东韶的国民党军1个师，歼其过半，俘获3000余人，胜利粉碎了敌人的第一次"围剿"。

在红一方面军进行反"围剿"战斗的同时，地方各级苏维埃政府为配合红军主力作战，动员群众坚壁清野，加强赤色戒严，筹措经费，建立兵站，组织担架队、运输队支援前线，同时还领导地方红军和赤卫队袭扰敌人，使进入根据地的敌人寸步难行。对此，敌人在"围剿"惨败后哀叹道："东固暨其以东地区，尽属山地，蜿蜒绵亘，道路崎岖，所有民众，多经匪化，且深受麻醉，盖匪即是民，民即是匪，对于我军进剿，不仅消极地认为恶意，且极端仇视，力图抗拒。"

"围剿"的敌人撤退后，红一方面军乘胜转入反攻，至1931年3月中旬，在永丰、乐安、南丰、广昌、宁都等县境内，消灭了一些地主武装，恢复和加强了地方武装，发动和争取了几十万群众，巩固和扩大了中央根据地。

在此期间，中共六届三中全会后的党中央派项英等到达中央根据地，于1月15日正式成立了苏区中央局和中央革命军事委员会（简称中央军委），项英任中央局书记和军委主席，朱德任军委副主席和红一方面军总司令，毛泽东任军委副主席、总政治部主任和红一方面军政治委员。4月，王明"左"倾冒险主义统治的党中央派出代表团，到达中央苏区并参加中央局的领导工作。"左"倾冒险主义开始推行到中央苏区，并引起中央苏区领导层在很多重大问题上的分歧。

1931年4月1日，蒋介石再次调集20万大军，经过精心策划和准备，任命他的军政部长何应钦代行总司令职权兼陆海空军总司令南昌行营主任，在西起赣江、东至建宁的700里漫长战线上，布下一条弧形阵线，采取稳扎稳打，步步为营的作战方针，积极向中央根据地推进。

大军压境，形势危急。3万红军能击溃装备精良的国民党20万大军吗？苏区中央局经过激烈辩论，再次肯定了毛泽东"诱敌深入"的歼敌方针。从1931年5月16日至31日，红一方面军在毛泽东、朱德指挥下，时分时合，横扫700里，歼敌3万余人，缴枪2万余支，再次粉碎了敌人的残酷"围剿"。

对此次失败，蒋介石极为震怒。6月6日，他发表《告全国将士书》，声称定要"戒除内乱"、"剿灭赤匪"，并发誓"幸而完此素愿，当解甲归田"，否则就"舍命疆场"。

6月21日，蒋介石带着德、日、英等国军事顾问到达南昌，亲自就任"围剿"军总司令，令何应钦为前敌总司令，调集约30万人的兵力，准备发动第三次"围剿"。

7月1日，敌人开始向根据地大举进犯。这次"围剿"敌人采取长驱直入的作战方针，企图先击破红军主力，捣毁根据地，然后再深入进行"清剿"。

面对30万"志在必得"的强敌，毛泽东仍决定采用"诱敌深入"的战略方针，"避敌主力，打其虚弱"。

在反"围剿"战斗中，形势十分危急。红军主力曾两度被围，但毛泽东声东击西，在30万敌军中游刃有余，将敌人拖得疲惫不堪，士气低落。而红军则以逸待劳，抓住战机，集中优势兵力，连战皆捷，击溃敌7个师，歼敌3万余人，缴枪1.4万余支，再创战争奇迹：以3万弱旅，击败30万强敌！

反"围剿"胜利后，红军趁势转入进攻，积极开展群众工作，打击地主武装，扩大红军，使根据地获得很大发展，赣南、闽西两块根据地连成一片，成为一个完整的中央根据地。到1931年秋，中央根据地已拥有 21 座县城及其广大农村，总面积约 5 万平方公里，人口约 250 万，成为当时全国最主要的苏维埃区域。这亦是中央苏区的全盛时期。

 ## 3　星火燎原　在割据中崛起

大革命失败后，毛泽东、朱德等领导的中国工农红军，在井冈山擎起了一面武装割据的光辉旗帜。在这面旗帜的影响下，全国各地武装起义保留下来的武装，一般都转入乡村，发动广大农民，开展土地革命，创建红军和革命根据地，走上了农村包围城市，武装夺取政权的道路。中国革命力量在遭受严重损失后，又在武装割据中迅速崛起。

在赣西南地区，在赖经邦、刘经化等的领导下，1927 年 11 月举行了东固地区武装暴动，并建立了东固革命根据地。1928 年 10 月，东固区苏维埃政府成立。11 月，召开了赣西南工农兵代表会议，以东固为中心成立了赣西南临时苏维埃政府，曾山任主席。至此，以东固为中心的赣西南革命根据地正式形成。东固革命根据地是江西最早创建的革命根据地之一。1929 年 2 月，毛泽东、朱德率领的红四军离开井冈山革命根据地后，与东固革命根据地的红军会师，并以东固革命根据地为立足点，开始创建中央革命根据地。从某种意义上说，宁冈会师创建了井冈山革命根据地，而东固会师则创建了中央革命根据地。因此，东固山又以"第二井冈"、"东井冈"而闻名于世。

在赣东北地区：方志敏、黄道、邵式平等领导弋（阳）横（峰）暴动后，继续发动农民群众，开展游击战争，经过一年多的艰苦转战，成立了以方志敏为主席的信江苏维埃政府和红二军，建立了辖10余县的赣东北根据地，并颁布了临时土地法及其他各项法令。到1930年夏，赣东北根据地军民在粉碎敌人多次"进剿"后与闽北根据地连成一片，后成立了以方志敏为主席的赣东北革命委员会和赣东北特区苏维政府。随后根据地进一步扩大到闽北、浙西、赣东北地区，形成了闽浙赣根据地。1931年12月，中共中央决定成立辖52个县100余万人口的闽浙赣省苏维埃政府。从此，闽浙赣根据地和中央苏区连成一片。

在湘鄂西边区：贺龙、周逸群在领导桑（植）鹤（峰）起义和洪湖年关暴动后，坚持依靠群众，开展游击战争，使武装力量逐步发展，并于1928年7月，正式成立了以贺龙为书记的湘西前敌委员会。随后又建立贺龙任军长的工农红军第四军，湘西前委亦随之改为湘鄂西前委。到1929年夏，逐步形成了以桑植、鹤峰为中心的湘鄂边根据地。在此同时，以周逸群为书记的鄂西特委根据中共中央指示，组建了以孙德清任军长，周逸群兼政治委员的红军第六军，在鄂西建立各县苏维埃政权。1930年7月，红四军和红六军合编组成红二军团（红四军同时改称红二军），贺龙任总指挥，周逸群任政治委员，并组成红二军团前敌委员会，周逸群任书记。随着湘鄂边、鄂西根据地连成一片，同年9月间，湘鄂西特委成立，邓中夏任书记，并兼任红二军团政治委员、前敌委员会书记。不久，湘鄂西联县苏维埃政府宣告成立。湘鄂西特委和湘鄂西苏维埃政府的成立，标志着以洪湖为中心，纵横千余里，扼长江中上游咽喉，与鄂豫皖、湘鄂赣互为犄角，直接威胁国民党统治腹地的湘鄂西根据地正式形成。

在鄂豫皖边区：鄂豫皖边区党组织在领导黄（安）麻（城）起义后，又先后领导了商南起义和六霍起义，并提出"学江西井冈山的办法"，建立革命政权，开展土地革命，组建了红军第十一军，创建了鄂豫边、豫东南、皖西根据地。为了统一领导鄂豫皖边区的党组织和军队，1930年3月和6月，鄂豫皖边区先后成立了中共鄂豫皖边区特委和鄂豫皖边区苏维埃政府，并将红十一军改编为红一军，重新组建了红十五军，次年初，红一军和红十五军合编为红四军。随后，红军获得较快发展，到1931年春，主力红军发展到3万余人，地方武装发展到15个师，并于11月组建了徐向前任总指挥的红四方面军，粉碎了敌人的第三次"围剿"，歼敌6万余人，建立了辖26个县，4万平方公里面积，350万人口，横跨鄂豫皖3省，南濒长江中游，北傍淮河，西达京汉铁路，东临江淮平原，主力红军4.5万人，地方武装达20万人的鄂豫皖根据地。

在湘赣边区：1929年1月，毛泽东、朱德率红四军主力离开井冈山后，湘赣边特委虽在组织上遭到很大破坏，可大多数成员留在边界各县，和广大人民群众团结战斗，共同抗敌，并着手党组织的重建和根据地的恢复工作。1930年1月，湘赣边和赣西两特委领导的地方武装组成红六军。3月，湘赣边、赣西、赣南三特委合并成立了赣西南特委和赣西南苏维埃政府。赣西南特委下辖东、南、西、北四路党的行动委员会。1931年夏，根据苏区中央局的决定，湘东南、湘南两特委和西路、南路、北路3个分委所辖赣江以西地区合并为湘赣省，辖江西、湖南25个县部分地区，人口约100万。其军队，1933年6月，与湘鄂赣红军合编为红六军团。

在湘鄂赣边区：1928年7月，彭德怀等领导平江起义后，组建了红五军，成立了平江工农革命政府。随后在湘鄂赣边区开展游击战争，发动农民群众，开展土地革命，建立各级苏维埃政权。11月，被敌重兵"追剿"的红五军一部在彭德怀率领下，转战至井冈山，与红四军在宁冈会师。次年3月，彭德怀、滕代远率红五军回师湘鄂赣根据地。在彭德怀、滕代远率部转战湘鄂赣边界期间，湘鄂赣边区特委领导根据地人民，依靠红军强大的军事力量，大力开展土地革命和建立苏维埃政权的斗争，打开了湘鄂赣根据地大发展的局面。1930年6月，湘鄂赣红军主力组成红三军团，由彭德怀任总指挥，黄公略任副总指挥，滕代远任政治委员。8月，红三军团在攻占长沙后，主动撤离，与红一军团合编为红一方面军。留在湘鄂赣苏区的红军，则在广大人民群众的配合下，粉碎了国民党的3次"围剿"，进一步巩固和发展了湘鄂赣根据地。为了适应斗争形势发展的需要，1931年7月，湘鄂赣根据地成立了湘鄂赣省委，9月正式成立了湘鄂赣省苏维埃政府。至此，湘鄂赣根据地进入全盛时期，它辖20余县，拱卫中央苏区，威胁武汉、长沙、南昌等大城市，具有重要的战略地位。

在广西西部：1929年12月中共中央代表邓小平和张云逸、雷经天、韦拔群等领导百色起义后，建立了张云逸任军长，邓小平任前敌委员会书记兼政治委员的中国工农红军第七军。接着成立了右江苏维埃政府，并建立了10余县的工农民主政权。1930年2月，邓小平、李明瑞、俞作豫等在广西龙州举行起义，并组建了中国工农红军第八军，由俞作豫任军长，邓小平兼任政治委员，李明瑞任红七军、红八军总指挥；随后成立左江革命委员会和左江苏维埃政府。左右江根据地由此形成。不久，在国民党军队进攻下，红八军遭到失败，左江红色区域丧失，红八军余部经过艰苦斗争，转移到右江根据地编入红七军。

在西北地区：1927年10月，唐澍、谢子长领导了清涧起义，成立了西北工农红军。次年5月，刘志丹、唐澍、谢子长等又领导了渭华起义，并建立了工农革命军。此后，这支革命武装在经历了许多难以想象的困难、挫折和失败后，终于建立了陕甘边根据地和陕北根据地。这两块根据地，位于陕西北部和甘肃东部的接壤地区，北起长城，南至关中北部的淳耀，西接环江，东临黄河，曾在20余县建立了苏维埃政权。它是土地革命战争时期红军三大主力长征后，仅存的一块革命根据地，是中国工农红军长征的落脚点和东进抗日的出发点。

此外，大革命失败后，各地的起义部队在 1932 年前后，还建立了规模各异的根据地，如彭湃等领导建立了海陆丰根据地，古大存等领导建立了东江根据地，冯白驹等领导建立了琼崖根据地，李光华等领导建立了川东根据地，何昆、李硕勋等领导建立了（南）通海（门）如（皋）泰（兴）根据地，胡公冕、金贯真等领导建立了浙南根据地，等等。

这样，到 1931 年底，全国已建立了大小十几块农村革命根据地，红军亦发展到 10 余万人，分布在湖南、湖北、江西、福建、广东、广西、河南、安徽、江苏、浙江、四川等 10 多个省的边界地区或远离中心城市的偏僻山区。这些地区交通不便，经济、文化落后，占优势的仍是沿用旧的耕作方式的小农经济，生产力低下，有些地方还停留在杵臼时代。群众中大多数人不识字，封建的家族组织和迷信习俗很普遍。有些地区还有带着浓重的流寇思想和游民习气而啸聚山林的绿林武装。中国共产党人就是在这样的条件下，开展武装斗争，创建红色政权。经过艰苦的奋斗，历经挫折，使农村革命根据地日益扩大和巩固起来，并使之成为积蓄和锻炼中国人民革命力量的主要战略基地，中国革命在"工农武装割据"的道路上，在承受了大革命失败的阵痛后，再次走向复兴。

4 祸起萧墙　由兴旺到挫败

正当革命根据地和红军蓬勃向前发展的时候，中国共产党内连续出现了三次"左"倾错误。其中，瞿秋白的"左"倾盲动主义和李立三的"左"倾冒险主义，尽管给革命根据地和红军的发展带来了一定损失和挫折，但因其在党内占统治地位的时间较短，未造成全局性的重大损失。

1931年7月，扩大的中共六届四中全会在上海召开。在共产国际代表米夫的支持下，六届四中全会闭幕后，中共中央领导权实际上由王明所操纵。

王明等人在反对国民党反动统治，主张土地革命和红军斗争这些中国革命的基本问题上，同党的纲领是一致的。但是，在其他一系列政策和策略问题上，王明的主张是明显错误的。其主要表现是：在中国革命性质问题上，混淆民主革命和社会主义革命界限，把反对资产阶级和反帝反封建并列；在革命形势问题上，强调全国性的"革命高潮"已经到来，要求全党"实行进攻路线"；在革命道路问题上，坚持以城市为中心，要求弱小的红军去攻占中心城市；在组织上，推行宗派主义干部政策和过火的党内斗争，搞"残酷斗争，无情打击"；在军事上，实行军事教条主义方针，用所谓正规战争代替人民战争；等等。

中共六届四中全会后不久，以王明为代表的中央就有步骤地向全国各根据地派遣了大量的"中央代表"和"中央代表团"，以开展所谓"反右倾"斗争和改造各级党政领导机关，推行其"左"倾教条主义路线。这些派往各革命根据地的"中央代表"，对怀疑、不满意或者不支持他们的同志，动辄扣上"右倾机会主义"、"富农路线"、"两面派"、"第三党"等帽子，加以"残酷斗争"、"无情打击"。他们甚至以对待罪犯和敌人的方式来进行党内斗争，使大批优秀的共产党员和干部受到诬蔑和伤害，给党和各根据地造成重大损失。

1931 年 11 月初，根据中共中央的指示，中央苏区在中央代表团的主持下，在江西瑞金召开了中国共产党苏区第一次代表大会（简称"赣南会议"）。会议通过的有关决议认为，中央根据地在执行"国际路线"中"缺乏明确的阶级路线"；土地改革中执行的是"富农路线"；红军"没有完全脱离游击主义的传统"，忽视"阵地战"、"街市战"；领导思想犯了"狭隘的经验论"的错误；干部队伍中"充满"了"阶级异己分子"，"反革命组织遍布于苏区"；等等。会议主张加紧反对富农、反对民族资产阶级等中间势力；在土地改革中，实行"地主不分田"、"富农分坏田"的政策；根据地和红军的领导成分要实现"无产阶级化"，并清除剥削阶级家庭出身的干部；红军应攻城略地，争取实现所谓一省或数省的首先胜利；等等。会上，毛泽东及和他意见一致的领导人受到指责和排挤。

赣南会议后，毛泽东的红一方面军总政委职务被撤销。但是，以毛泽东为代表的正确路线，在中央苏区早已深入人心，并在长期的斗争实践中培养了一大批执行这一路线的优秀干部。因此，要想在中央苏区完全否定毛泽东的正确路线和全面贯彻王明的错误路线，势必将遭到广大干部群众的自觉抵制和反对。如

1933年3月中央根据地第四次反"围剿"的胜利，就是担任红一方面军作战指挥的周恩来、朱德等抵制中央和苏区中央局的错误指令，灵活地运用毛泽东的正确作战原则和前三次反"围剿"的经验而取得的。

1933年1月，中共临时中央因推行王明"左"倾教条主义路线，使白区革命力量受到巨大损失，无法在上海立足，被迫迁入中央苏区。中共临时中央到达中央苏区后，为完全推行王明的"左"倾方针，彻底否定毛泽东为代表的正确主张，排斥和打击坚持党的正确路线的同志，于1933年3月，在福建开展了反对所谓"罗明路线"的斗争，在江西则开展了反对以邓小平、毛泽覃、谢唯俊、古柏为代表的所谓"江西罗明路线"的斗争。

这样，所谓反"罗明路线"的斗争，便从福建到江西，从边远地区到中心区域，从上层到下层，从党内到党外，从地方到军队，在整个中央苏区内展开了。这种"残酷斗争，无情打击"的宗派主义干部政策和肃反政策混在一起，就使中央苏区的大批党政军优秀干部含冤受害。至此，王明"左"倾路线在苏区各项工作中，特别是军队中得到完全推行，其结果直接导致了中央根据地第五次反"围剿"的失败，迫使中央红军放弃中央根据地，进行战略大转移。

在鄂豫皖根据地，张国焘、陈昌浩等人作为"钦差大臣"来到鄂豫皖苏区。一到苏区，他们即对根据地党和红军等各项工作横加指责，全盘否定，强行推行各项"左"倾政策，并提出了诸如"东进安庆，威胁南京"等冒险计划和口号。这些"左"的政策和口号一开始就遭到根据地创建人曾中生、许继慎和徐向前等人的反对和抵制。

为了达到彻底改造红军，改造鄂豫皖苏区政府和排斥异己、独揽大权的目的，张国焘等在苏区进行了大规模的"肃反"。

鄂豫皖根据地"肃反"扩大化的错误，不仅杀害了大批忠诚的革命者和无辜群众，也破坏了党的制度和纪律。"肃反"以后，党组织的威望下降，群众的革命热情受到影响，红军战斗力严重削弱，根据地亦因此大伤元气，以致在根据地发展到鼎盛时期，未能打破敌人的第四次"围剿"，红四方面军被迫向西转移，进入川陕边区。鄂豫皖苏区几乎全部丢失。

在湘鄂西根据地，中央代表夏曦等到根据地后，即照搬张国焘的所谓"肃反"经验，冤杀了数以万计的大批党政军干部和普通战士。到后来甚至解散了根据地党团组织。到1933年底，湘鄂西根据地红军在蒙受巨大损失后，被迫放弃根据地，转移到湘鄂川边流动游击。

与此同时，"左"倾中央派往其他各根据地的"钦差大臣"，为强行贯彻王明的"左"倾路线，也在各根据地排斥异己，大开杀戒，滥杀无辜，成千上万的红军将士和干部群众没有倒在敌人的枪炮之下，却丧生在自己同志的错误"肃反"中，含恨九泉。各根据地也因此受到严重削弱，战斗力下降，并在敌人的"围剿"中相继丢失（除陕北根据地外）。大革命后来之不易的革命成果，被"左"倾错误路线葬送了。

1934年10月，中央红军在第五次反"围剿"失败后，离开中央苏区，开始长征。经一年多的艰苦转战，风餐露宿，摆脱了几十万国民党大军的围追堵截，翻过大雪山，穿过荒无人烟的大草地，战胜张国焘的右倾分裂主义错误，于1935年10月胜利到达陕北根据地，与陕北红军会师，完成了举世闻名的二万五千里长征。

红四方面军在1932年底离开鄂豫皖根据地后，在川陕边区经过一年多斗争，重新建立了颇具规模的川陕革命根据地，并积极策应中央红军长征。川陕革命根据地是红四方面军于1932年12月从鄂豫皖革命根据地转移到川陕边界地区后创建的一块革命根据地。川陕革命根据地鼎盛时期，北起川陕交界大巴山脉，东抵城口、开江县境，南至三汇、营山，西至嘉陵江东岸，面积4.2万平方公里，人口600多万，红军主力部队达10万人，是中华苏维埃共和国的第二大区域。1935年春，川陕根据地在红四方面军主力西渡嘉陵江作战时，被张国焘擅自放弃，红四方面军在根据地丢失后，被迫于1935年5月开始长征。1936年10月到达陕甘根据地。

1933年底离开湘鄂西根据地的湘鄂西红军，于1934年春创建了黔东根据地，不久恢复了红二军团番号，10月与中央红军长征先遣队红六军团会师，并共同创建了具有一定规模的湘鄂川黔根据地。1935年11月，红二、六军团2万余人，在国民党30万大军的包围下，分两路突围离开根据地，开始战略转移。1936年7月，红二、六军团合编为红二方面军。同年10月，红二方面军亦到达陕甘根据地，实现了三大主力红军的胜利大会师。

长征的胜利是一曲响彻云霄、震撼神州的共产主义凯歌。从此，中国共产党开始在以毛泽东为代表的新的中央的正确领导下，将中国革命由挫败再次引向胜利的坦途。

中央红军及各根据地主力红军进行战略转移后，国民党军很快就占领了中央根据地和各根据地的全部县城和主要区域。国民党军侵占根据地后，即对根据地开始了骇人听闻的大屠杀。国民党反动派和地主"还乡团"开始杀人以人头计数报功，后来因杀人太多，就以耳朵计算报功。据统计，整个中央苏区被杀群众达80余万人。整个中央根据地尸横遍野，人烟断绝，田园荒芜，无数村庄被焚毁。据当时国民党军的报告书供述：当时在"清剿"区内，"无不焚烧之居，无不伐之树，无不杀之鸡犬，无遗留之壮丁，闾阎不见炊烟，田野但闻鬼哭"。

在鄂豫皖根据地，占领根据地的国民党军和地主"还乡团"，根据蒋介石提出的"民尽匪尽"的方针，叫嚷要"砍尽大别山上的树，挖尽共产党的根"，血洗大别山。然而，人民群众的无私支持，地方党组织的坚强有力，为留在南方八省各根据地的红军和地方武装，坚持斗争，克服困难，提供了最有力的保证。正是在人民群众的支持下，留在南方八省的红军和地方武装，才能在白色恐怖严重、力量悬殊、环境恶劣的情况下创建了赣粤边、闽赣边、闽西、闽粤边、皖浙赣边、浙南、闽北、闽东、鄂豫皖边、鄂豫边、湘鄂赣边、湘赣边、湘南、琼崖等 14 块游击根据地，演出了许多生动活泼、艰难曲折、动天地泣鬼神的游击战争活剧，在战略上配合了红军主力长征，并一直坚持到抗日战争的爆发，在党的历史上留下了光辉的一页。

二 土地革命时期根据地的
政权与法制

 ## 开天辟地 建立苏维埃政权

随着一系列反国民党统治的武装起义胜利，中国共产党领导人民开辟了许多革命根据地，并建立了各级红色政权。当时在各根据地创建过程中，首先成立的是县、区、乡级红色政权，待革命根据地发展壮大后，又成立了省级红色政权。这些政权都采取了苏维埃（苏维埃为俄文"会议"或"代表会议"一词的译音，是俄国无产阶级在1905年至1907年革命和1907年二月革命时期创造的一种政治制度，十月革命后成为苏联权力机关的名称）的组织形式，故而史称苏维埃政权。

随着形势的发展，1931年11月7日至20日，全国第一次工农兵代表大会在中央苏区瑞金召开。会议宣告成立中华苏维埃共和国，通过《中华苏维埃共和国宪法大纲》等一系列重要决议和法规，产生了中央工农民主政府，建立了中央苏维埃政权。会议选举毛泽东为中央执行委员会主席，项英、张国焘为副主席，朱德为红军总司令，并在中央执行委员会之下设立人民委员会，为中华苏维埃共和国中央行政机关。从此，在中国有了两种政权：革命的红色政权和反革命的白色政权。这两种不同性质政权的对立，成为大革命后中国政治的长期特点。

苏维埃政权借鉴了俄国无产阶级专政政权组织形式的经验，采取了苏维埃代表大会制度。苏维埃代表大会制度是我国现行人民代表大会制度的雏形。

苏维埃政权是共产党领导下的政权，在各级苏维埃组织中，都设有共产党党团组织。党通过这些组织以及政权机关中的党员，表达对苏维埃工作的意见，随时随地从思想上领导苏维埃。苏维埃政府的一切主要决策，都应由该地党委会批准后方可执行。同时，苏维埃必须执行党的政策与决议。苏维埃代表大会是建立在广泛的民主基础上，经选举产生的。劳动群众对于苏维埃代表大会代表有选举、罢免权，同时对于苏维埃工作有批评、建议权，以期使苏维埃真正体现广泛的民意。而在苏维埃代表大会的组织和工作程序上，则实行少数服从多数、下级服从上级、地方服从中央的原则。苏维埃代表大会制度在权力分配上，不采用三权分立制，而实行议行合一原则，由各级苏维埃代表大会统一行使国家权力。各级苏维埃代表大会与各级政权的行政、司法等机构不是对等关系，行政、司法等国家机构由苏维埃代表大会产生，对其负全部责任，并受其制约和监督。而各级行政、司法等国家机构并不能反制约各级苏维埃代表大会，苏维埃代表大会仅对选民负责和接受选民的监督。另外，苏维埃代表大会既为议事机关，又为工作机关。苏维埃代表大会的代表不是专职的，他们一方面要将选民的意见和要求转达到苏维埃代表大会中去，另一方面又要回到选民中去带头执行苏维埃代表大会的决议；担任最高行政机构的人民委员会委员同时又为苏维埃中央执行委员会的委员。

根据《中华苏维埃共和国宪法大纲》和《中华苏维埃共和国中央苏维埃组织法》规定，全国苏维埃代表大会是中华苏维埃共和国的最高权力机关，它由各省苏维埃代表大会，中央直属市、直属县苏维埃代表大会及红军所选举的代表组成，拥有颁布和修改宪法，制定各项法律，决定内政外交大政方针，审查并批准预决算，选任和撤销人民委员会的委员及主席等职权。全国苏维埃代表大会闭会期间，中央执行委员会为最高政权机关。

在地方政权体制上，中华苏维埃共和国设立省、县、区、乡（市）四级苏维埃政权机关。各级苏维埃代表大会是当地的最高政权机关。省、县、区苏维埃代表大会由其下一级的代表大会选举和红军单独选举产生的代表组成。省、县、区苏维埃代表大会闭会期间，同级执行委员会为该地区的最高政权机关，各级执行委员会均由同级苏维埃代表大会选举产生。省、县、区各级执行委员会闭会期间，由其主席团为该地区的最高政权机关。乡（市）苏维埃代表大会由乡

（市）选民选举产生的代表组成。

苏维埃政权创立初期，各根据地结合本地的实际情况，建立了不同的行政机构。中华苏维埃共和国成立后，逐步统一了各根据地的行政机构设置，确立了中央、省、县、区、乡（市）行政组织体系。这一时期行政领导体制采取了集体制与个人负责制两种形式，并实行双重领导制。

根据法律规定，当时中华苏维埃共和国的最高行政机构为人民委员会。人民委员会由正、副主席和人民委员组成，主席和人民委员从中央执行委员会的委员中选任，负责指挥全国政务。人民委员会对中央执行委员会及其主席团负责并按时向它们报告工作。人民委员会之下，设外交、劳动、土地、军事、财政、国民经济、粮食、教育、内务、司法、工农检察各人民委员部。1932年2月，中央政府正式成立后，建立外交、军事、劳动、土地、财政、国民经济、粮食、司法、内务、教育10部，工农检察、中央审计两委员会，国家政治保卫局、外贸总局、国家人民银行及中央合作总社。各人民委员部还视工作情况设若干局、处、科等各种工作机构。如劳动人民委员部下设劳动保护、失业工人介绍、经济评判等3局。劳动保护局下设劳动检查科、技术检查科和卫生检查科，失业工人介绍局下设统计科、救济科，经济评判局下设统计科、指导科等。

苏维埃地方行政区划实行省、县、区、乡（市）四级制。省、县、区以及5万人以上的市设立各级执行委员会，为当地的最高行政机构。各级执行委员会闭会期间，由其主席团为当地的最高行政机构。

苏维埃各级行政机构就其相互之间的关系而言，除人民委员会所属各部受人民委员会的统一领导外，省、县、区、市苏维埃各部实行双重领导原则。一方面，各部分别隶属于上级有关主管部门，实行垂直领导；另一方面，各部受本级执行委员会及其主席团的指导与节制，但执行委员会及其主席团没有停止各部执行该部上级命令之权。而在苏维埃行政机构内部，分别采取两种形式的领导体制。中央人民委员会和地方各级苏维埃执行委员会采取集体领导制度，人民委员会和地方苏维埃执行委员会所属各部，采取首长个人负责制。但这种首长负责制，是一种建立在民主基础之上，充分发挥集体作用的个人负责制。

可以说，苏维埃政权在反帝反封建的革命实践中，逐步走向成熟，它是未来独立民主的新中国的政权雏形。

 廉政爱民　苏区干部好作风

苏维埃工农民主政权是不同于一切剥削阶级的新型政权，它的根本宗旨是"真心实意地为群众谋利益"。从这个宗旨出发，各级苏维埃政权在政治、经济、文化等方面实行了许多有益于国计民生的措施，关心群众疾苦，处处为群众着想，始终将群众的利益和愿望摆在第一位。当时，苏维埃政权的绝大多数党员干部都能以身作则，严于律己，廉洁奉公，全心全意为人民服务。

早在井冈山时期，毛泽东就指出："共产党员在政府工作中，应该是十分廉洁、不用私人、多做工作、少取报酬的模范。"在瑞金，作为中华苏维埃共和国主席的毛泽东，经常深入民间，了解群众所思所想，与其他苏维埃中央领导人及普通战士一样，吃红米南瓜，每月享用5分钱的菜金。在叶坪时，毛泽东还经常帮助农民车水抗旱，亲自组织叶坪村的农民修水坝，并经常将中央政府机关的工作人员、党团员们动员起来，组成"礼拜六义务劳动大队"，参加修堤、开荒、协助农民进行生产等。毛泽东到长冈乡进行调查时，发现长冈乡樟树塘木桥，四根木头断了一根，剩下三根，横栓又断了，走上去摇摇晃晃，容易跌倒，于是他立即指示干部要修好。他回瑞金后，还写信问乡苏维埃政府的干部，小桥修好了没有。

时任江西省委妇女部长的蔡畅，经常深入基层，调查研究。她下乡调查研究，不是先摆开场面听汇报作指示，而是笑眯眯地帮助群众干活，边干边谈，听到重要问题时，掏出小本记上，妇女们都把她像亲姐妹一样看待。

毛泽民在中央苏区工作期间，身为国家银行行长，大权在握，可在财务上却十分清正廉洁。他经常头戴斗笠，脚穿草鞋，背上装有衣服、笔墨、账簿、算盘的背包，下乡办公，筹款筹粮。有时他跋山涉水，赶不上吃饭，就饿着肚子，辛勤工作，从无怨言。

曾担任赣东北根据地省苏维埃主席兼财政部长的方志敏，一直保持着艰苦朴素、廉洁奉公的好作风。有一次，方志敏返回家乡探视母亲时，他的一个婶婶以为他当了大官，有了财权，就向他讨钱买盐。方志敏听后，不禁大笑起来，对婶婶说："我哪里有钱？我管的钱是公家的。我总不能用公家的钱给你买盐。婶婶，有困难请叔伯兄弟凑一点，帮帮忙吧！"方志敏式的"清贫"正是当时千千万万个优秀干部品格的真实写照。方志敏在《清贫》中写道：

> 我从事革命斗争，已经十余年了，在长期的奋斗中，我一向是过着朴素的生活，从没有奢侈过。经手的款项，总在数百万元，但为革命筹集的金钱，是一点一滴的用之于革命事业。这在国方（指国民党方面——引者注）的伟人们看来，颇似奇迹，或认为夸张；而矜持不苟，舍己为公，却是每个共产党员具备的美德。……清贫，洁白朴素的生活，正是我们革命者能够战胜许多困难的地方！

正是在毛泽东、蔡畅、毛泽民、方志敏等大批领导干部的率先垂范下，广大根据地的干部都养成了良好的工作作风，成为名副其实的群众带头人。

为消除和杜绝铺张浪费、贪污腐化、以权谋私这类腐败现象，苏维埃中央一方面强调贪污和浪费是极大的犯罪，贪污是苏维埃政权下绝对不允许的事情，如若发现，就是政府的羞耻；另一方面动员政府工作人员和广大民众，发现贪污腐化、消极怠工及官僚主义分子，可以立即揭发，而苏维埃政府将立即惩办，决不迁就姑息。为此，中华苏维埃中央执行委员会签发了《关于惩治贪污浪费行为》的第26号训令。训令规定，凡利用职权，贪污公款在500元以上者处以死刑；贪污公款在300元以上500元以下者处以1年以上5年以下监禁；贪污公款在100元以上300元以下者处以半年以上2年以下监禁；凡挪用公款为私人赢利者以贪污论罪；因玩忽职守浪费公款，致使国家受到损失者，以其浪费程度处以警告、撤销职务以至1个月以上3年以下的监禁。对那些身居高位、知法犯法的领导干部，法律规定要从严惩处，决不心慈手软。如当时中央政府总务厅苏维埃工程所主任左祥云贪污公款（大洋）247元7角，被查实后，逃跑未遂，经最高法院审判处以枪决。于都县苏维埃政府军事部长和少共县委书记等人均因贪污而被依法枪决。再如财政部会计处处长，因以权谋私，将打土豪时收缴来的一只手表、一双鞋子、一支自来水笔贪污归己，同时以财政部名义打电话，让瑞金县财政局买白糖送到他家，结果被撤销处长职务并开除公职。

　　在严厉惩处腐败分子的同时，各根据地为保证政府的廉洁，还初步建立了行政监察制度、党内监督和群众监督体制，制定了有效的规章制度，并通过报刊进行舆论监督，有效地规范和制约各级政权机关党员干部的行为。

革故鼎新 革命法制的诞生

中国共产党领导人民创建根据地，建立苏维埃政权后，结合中国革命的具体实践，创立了根据地的法律制度。这是我国社会主义法制的前身和渊源，是完全新型的革命法制。

革命根据地的法制是由下而上逐步建立的。早在中华苏维埃共和国成立以前，各地苏维埃政权就颁布了各种法规。各根据地苏维埃政权在创建过程中制定的各项法律法规，为全国性红色区域法律法规的出台奠定了基础。

1931年11月，历时14天的中华苏维埃第一次全国代表大会，通过了《中华苏维埃共和国宪法大纲》、《中华苏维埃共和国土地法》、《中华苏维埃共和国劳动法》等法令和重要决议。其中，《中华苏维埃共和国宪法大纲》（以下简称《宪法大纲》），是中国共产党领导下的革命根据地人民民主政权制定和公布的第一部宪法性文件，它是适应建立全国性工农民主政权的需要，依据中国共产党关于制定苏维埃国家根本法的若干原则制定的。1934年1月22日，第二次全国工农兵代表大会总结红色政权建设和土地革命的经验教训，对它进行了重要修正。

《宪法大纲》共17条，其基本内容是：

第一，确定政权性质是工农民主专政。《宪法大纲》规定："中华苏维埃共和国所建设的是工人和农民的民主专政国家。这个专政的目的是在消灭一切封建残余，赶走帝国主义列强在华的势力，统一中国，有系统的限制资本主义在中国的发展，进行苏维埃的经济建设，提高无产阶级的团结力与觉悟程度，团结广大贫农群众在它的周围，同中农巩固的联合，以转变到无产阶级的专政。"在这个工农民主专政的国家里，全部政权属于工人、农民、红军士兵和一切劳苦民众，而军阀、官僚、地主、豪绅、资本家、富农、僧侣及一切剥削者和反革命分子均是专政对象。

第二，确认工农兵代表大会是中华苏维埃共和国的基本政治制度。《宪法大纲》规定：全国工农兵苏维埃代表大会是中华苏维埃共和国的最高权力机关；在全国工农兵苏维埃代表大会闭会期间，全国苏维埃临时中央执行委员会为最高权力机关；人民委员会为最高行政机关，对中央执行委员会负责。

第三，保障工农劳苦大众的经济利益。《宪法大纲》规定：为了彻底改善工人阶级和农民的生活状况，消灭封建剥削制度，没收一切地主阶级的土地，分配给雇农、贫农、中农耕种，实现土地国有化；为了使劳苦群众脱离资本主义的剥削，取消一切苛捐杂税，征收统一的累进所得税（即税率随纳税人的收入或财产价值递增而递增），采取有利于工农群众，并为工农群众所了解的、走向社会主义的经济政策。

第四，确认工农劳苦大众的权利和自由。《宪法大纲》规定，在苏维埃国家里，工农劳苦大众享有广泛的权利和自由。诸如，凡工人、农民、红军战士及其家属，不分男女、种族、宗教信仰，在苏维埃法律面前一律平等，有选派代表管理国家、手执武器参加革命战争、接受教育等权利，有言论、出版、集会、结社、信仰宗教和反宗教宣传等自由。

第五，确定对外政策的基本方针。《宪法大纲》从"彻底地将中国从帝国主义压榨之下解放出来"的目的出发，宣布中华民族完全独立自主，不承认帝国主义在华的一切特权，废除一切不平等条约，无条件收回帝国主义的租界、租借地。同时宣告，中华苏维埃政权与全世界无产阶级和被压迫民族站在同一条革命战线上，并以无产阶级专政的国家苏联作为巩固的联盟，等等。

《宪法大纲》是中国共产党领导下的广大劳动人民制宪的初步尝试，为其后的民主宪政提供了宝贵经验。它把工农大众在党的领导下取得的革命成果和初步经验第一次用根本法的形式固定下来，并指出今后革命的奋斗目标，指导和鼓舞了当时人民的革命斗争，促进了全国革命运动的发展。

中华苏维埃共和国成立后，进行了大量的立法工作，陆续颁布了大量法规。关于组织法有《苏维埃地方政府的暂行组织条例》、《中华苏维埃共和国地方苏维埃暂行组织法（草案）》、《中华苏维埃共和国中央苏维埃组织法》等，这些文献确定了无产阶级领导、民主集中制、议行合一、群众自治等苏维埃政权组织法的立法原则，并规定了各级苏维埃的组织机构及其职权。关于行政法规有《划分行政区域暂行条例》、

《各级国民经济部暂行组织纲要》、《财政部暂行组织纲要》、《省、县、市区土地部暂行组织纲要》、《各级劳动部暂行组织纲要》、《工农检查部控告局组织纲要》、《国有企业管理局简章》、《贸易局简章》、《粮食调剂局简章》等。这些行政法规的颁布，推动了中华苏维埃共和国各级行政机关的建设，其所依据的国家行政管理的基本原则，对以后的行政立法产生了重要影响。关于选举法有《中华苏维埃共和国选举细则》、《中华苏维埃共和国选举委员会的工作细则》、《苏维埃暂行选举法》等。此外，中华苏维埃共和国成立后，还颁布了《中华苏维埃共和国婚姻法》、《中华苏维埃共和国惩治反革命条例》等重要法律法规。

苏维埃政权在逐步建立新型的法律制度的同时，还打碎了旧的国家机器中的司法机构，建立了苏维埃政权革命的司法制度。

苏维埃政权的审判机构分为中央、省、县、区共四级。中央的审判机构为最高法院，中央的司法行政机构为司法人民委员部，两个机构分别管理审判和司法行政工作。地方审判机关为省裁判部、县裁判部、区裁判部，各级裁判部兼理审判和司法行政，各级裁判部是双重领导关系，除受同级政府主席团领导外，还受上级裁判部的领导。

除上述四级普通审判机构外，还设立了特殊审判机构，如国家政治保卫局、肃反委员会、军事裁判所和劳动法庭等。其中，国家政治保卫局，执行打击和消灭根据地内一切暗藏的反革命组织的活动。其总部设在中央，在各省和中央直属市、县、方面军和军团都设分局，在区和县直属市派出特派员。政治保卫局在打击根据地反革命活动中起了重要作用，但由于其实行上下垂直领导，除苏区中央政府外，任何一级党政军组织无权过问其工作，保卫局内部实行局长个人集权制，权力过大，缺乏有效的监督。因此在"左"倾路线影响下，产生了肃反扩大化的错误。

苏维埃政权没有设立专门的检察机构，而是实行审检合一制，最高法院内设正、副检察长各一人和检查员若干人，省、县裁判所各设检察员一至数人。检查员负责刑事案件的预审、起诉等，并代表国家出庭支持公诉。

苏维埃政权规定所有反革命案件都由政治保卫局侦察、逮捕、预审，政治保卫局还可以原告人资格向普通审判机关提出公诉。普通审判机关实行四级二审制。区裁判部审理较轻的案件，县裁判部是区裁判部的修审机关。县裁判部审理较重大案件，其修审机关是省裁判部。省裁判部有权对省内重大案件进行初审，其终审机关是最高法院。

在审判制度上，苏维埃政权实行合议制、陪审制、公开审判制、巡回审判制、辩护制、上诉和死刑复核制及回避制度等。

此外，苏维埃政权还彻底摧毁了旧的监狱机构，建立了教育改造犯罪分子的新型监狱，提出用共产主义思想和生产劳动对罪犯进行教育、感化和改造的指导思想，把监狱对犯人的管理、教育和劳动改造三者相结合，对罪犯实行教育改造的方针。苏维埃政权将未决刑事案犯关押在看守所，对已判决刑事案犯则关押在劳动感化院。劳动感化院是苏维埃政权设立的徒刑执行机关，也是教育改造判处长期监禁的犯人的主要监狱。苏维埃政权在监狱中逐渐废止了肉刑，还禁止对犯人实行非人道待遇。总之，苏维埃政权监狱制度的建立，是中国几千年监狱史上的重大变化，开始建立了新型的新民主主义监狱制度。

三 土地革命时期根据地的经济与文化

✿1 土地革命 摧毁封建土地制度

革命根据地和红色政权，都是在农村首先建立起来的。农村的首要问题，是土地问题。据 1927 年统计，占农村人口 75% 以上的贫农、中农、佃农等只拥有 19% 的土地，而占农村人口 25% 以下的地主、富农，却占有 81% 的土地。地主阶级凭借封建的土地制度，对广大农民进行残酷剥削，使广大农民饥寒交迫，贫困交加。当时，湘赣边界流传的一首歌谣，可以说是中国农民生活的真实写照："种了万担粮，农民饿肚肠；织了万匹布，农民无衣裳；盖了万间屋，农民住茅房。"由此可见，封建土地制度，是封建经济的基石。不摧毁封建土地制度，就无法摆脱国民党新军阀统治下的半殖民地半封建经济，建立崭新的向社会主义过渡的新民主主义经济。因此，消灭封建土地制度，开展土地革命，就成了革命根据地的首要任务，也成为建立新民主主义经济的主要内容。对此，共产党人有明确的认识。

到 1928 年底，井冈山、海陆丰、湘南、闽西、赣东北、鄂豫皖、湘鄂西等根据地都先后进行了土地革命。在井冈山革命根据地的土地革命中，分田一般以乡为单位，男女老幼一律按人口平分，以原耕地为基础，好坏搭配。其经验集中反映在根据地第一部土地法——《井冈山土地法》中。其他各革命根据地在土地革命斗争中，也都有各自的经验和政策。但是，在党的第六次全国代表大会以前，各根据地的具体做法是各不相同的，还没有一个统一的政策。

1928 年 6 月召开的中共第六次全国代表大会，在土地问题上正确地分析了中国土地革命的意义，初步规定了一条正确的土地革命路线："主要的敌人是豪绅地主，无产阶级在乡村中的基本力量是贫农，中农是巩固的同盟者，故意加紧反对富农的斗争是不对的，因为这就混乱了农民与地主阶级的主要矛盾，但是并不是说要放弃对于富农半地主的阶级斗争。"会议决议规定只没收豪绅地主的土地财产和公有土地，纠正了 1927 年 11 月中央临时政治局扩大会议决定没收一切土地的错误。党的六大对土地革命中的土地所有权、对富农的具体政策等问题虽然尚未完全解决，但它解决了上述土地革命中的一些主要问题，纠正了一些"左"倾错误，因而 1928 年底 1929 年春，党的六大决议传达到各革命根据地后，对各根据地的土地革命起了积极的指导作用，促进了土地革命的开展。

在赣南、闽西，1929 年 4 月毛泽东根据党的六大决议和《井冈山土地法》实施中存在的问题，经过深入调查研究，起草并颁布了《兴国土地法》。这个土地法根据六大决议将曾在《井冈山土地法》中"没收一切土地"的规定，改为"没收一切公共土地及地主阶级的土地"。这一原则性的改动，明确了土地革命所打击的主要对象是地主阶级，是消灭地主阶级土地所有制，承认了农民对原有小块土地的所有权，纠正了打击中间阶层，对自耕农的土地不加区别，一律予以没收的错误。

1929年7月，在毛泽东指导下，中共闽西第一次党代表大会总结了闽西土地革命的经验，通过了《土地问题决议案》，在具体政策上进一步规定：实行以乡为单位，以原耕地为基础，"抽多补少"，按人口进行平均分配，对在乡地主"得酌量分与田地"。大会以后，闽西出现了"分田分地真忙"的大好形势，约有80万人分得了土地。

1930年6月，毛泽东根据群众斗争经验，在"抽多补少"分配方法的基础上，加上了"抽肥补瘦"的原则。在这两项原则指导下，赣西南根据地到1930年10月有30余县分了土地。

在赣南、闽西土地革命开展的同时，赣东北、湘鄂西、鄂豫皖、湘鄂赣、广西右江等革命根据地的土地革命也都轰轰烈烈地开展了起来。

根据在赣南、闽西土地革命的经验，1931年2月，毛泽东按中共中央的决定，以中央军委政治部的名义给江西省苏维埃政府写了一封信——《民权革命中的土地私有制度》，明确阐明了当时土地革命的民主主义性质，确定了土地革命中农民的土地私有权："这田由他私有，别人不得侵犯"，"租借买卖，由他自主；田中出产，除交土地税于政府外，均归农民所有"。这样，经过三年多在土地革命实践中的反复摸索，在总结各革命根据地土地革命经验的基础上，形成了一条土地革命路线和一套切实可行的方法：依靠贫农，联合中农，限制富农，消灭地主阶级，变封建土地所有制为农民的所有制，以乡为单位，按人口平均分配土地，在原耕地基础上，实行"抽多补少"、"抽肥补瘦"。这一土地革命路线和政策的贯彻执行，摧毁了各革命根据地内的封建剥削制度，把土地从封建剥削者手里转移到农民手里，把封建地主的私有财产变为农民的私有财产，使农民从封建的土地关系中获得解放。因此解放了农村生产力，调动了广大农民的革命积极性和生产热情，保证了大革命失败后的中国革命仍能继续坚持并得到了不可遏制的发展。

土地革命虽已摧毁了封建土地制度，解决了农民的土地问题，解放了农村生产力，为农业生产的发展开辟了广阔道路，但由于环境的险恶，以及当时革命根据地农业生产基础的薄弱，根据地农业生产的发展还存在不少困难。其中劳动力的严重不足，耕畜、农具的缺乏，是发展农业生产的主要问题。

为解决劳动力不足，各根据地苏维埃政府把广大个体农民组织起来，开展互助合作运动。

1929 年，上杭县才溪乡贫苦农民为了帮助红军家属解决生产困难，按照传统的换工习惯办起了耕田队。1930年6月，毛泽东在才溪工作时发现了这一新生事物。在他的指导关怀下，1931年才溪乡出现了第一个劳动互助社。此后，中央工农民主政府总结各地这种在个体经济基础上为调剂劳动力所建立的劳动互助组织的经验，颁布了《劳动互助社组织纲要》等文件，在各根据地建立起劳动互助组织。为了动员妇女也参加生产，有些地方还办起了托儿所，成立了妇女生产学习小组，学习蒔田、耙田等生产技术，把妇女劳动力也组织起来。

此外，由于敌人对耕牛的掠夺宰杀，地主、富农、奸商对耕牛的故意宰杀和运到白区倒卖，根据地耕牛缺乏问题十分严重。解决耕牛缺乏的办法是发动群众，以没收地主及富农多余的耕牛、农具为基础，与农民共同集股购买耕牛和农具，组成犁牛站和犁牛合作社。在中央工农民主政府倡导下，犁牛站和犁牛合作社迅速发展起来。到1934年，瑞金、兴国、长汀、西江4县的犁牛合作社已达459个，社员在西江一县即达15075人。这样缺耕畜的基本群众不需花多少钱就能有耕畜使用，保证了农业生产的正常进行。

通过上述办法，革命根据地基本上解决了劳动力严重不足和耕畜、农具严重缺乏的问题，亦为进一步开垦荒地、兴修水利，使农业生产迅速恢复和发展，改善人民生活，增加工农民主政府的财政收入创造了条件。

当然，中国共产党在土地改革中也出现过一些

"左"的偏差和错误。这主要是1931年初，王明一伙把持了中共中央的领导权，他们以中共中央的名义起草通过了《中华苏维埃共和国土地法》，提出了"地主不分田，富农分坏田"的"左"的土地政策，给各根据地造成了严重恶果。如部分地区在上述错误土地政策指导下，进一步提出了"富家分坏田，中农分中田，贫雇农分好田"的口号；有的甚至规定中农不得参加苏维埃政权，不准加入共产党和共青团。这种"左"倾政策，侵犯了中农利益，引起了越来越多的干部群众的不安，后来被逐步纠正。

 ２　改善民生　恢复和发展工商业

革命根据地一般都地处贫瘠山区，工业和商业都极其落后。因此，要在这些落后地区创建新民主主义经济的工商业，改善人民生活，必须首先建立国营工业和商业，再组织合作经济的工业和商业，同时也必须保护私营工商业的存在和发展。这样，革命根据地就出现了国营工商业、合作工商业和私营工商业三种形式。

革命根据地的原有工业基础十分薄弱，只有一点小手工业，几乎没有近代工业。在革命根据地建立后，敌人对苏区残酷屠杀和封锁，物资进出十分困难，革命前保留下来的一点小手工业也一度衰落下去。革命战争的发展，要求根据地的工业尽快地恢复和发展起来，以满足革命战争和人民生活的需要，因此，党和苏区政府在土地革命彻底扫除了封建剥削的基础上，开始了工业的恢复和发展工作。

革命根据地的工业由国营工业、合作社工业以及私营工业三部分组成。

（1）国营工业。国营工业的来源，一是没收帝国主义和官僚资本主义企业或器材，二是拨款新建。在苏区能没收的企业不多，更多的是拨款兴建。由于当时根据地的经济建设是服务于革命战争这个中心任务的。因此，当时国营工业的主要内容是发展自给性的军需工业。各根据地都先后建立了一批兵工厂、炸药厂和被服厂等。如在中央根据地的国营工厂，到1934年1月已有32个，其中大部分都是军需工厂。规模较大的中央军委兵工厂，共有工人1000余人，几年中共配制4万多支步枪，40多万发子弹，6万多颗手雷，5000多颗地雷，修理2000多挺机枪，百多门迫击炮。设在瑞金的被服厂则有700多工人，缝纫机百多架。

国营工业中也办有一批民用工业。如中央苏区的中华织布厂、中华樟脑厂、通讯材料厂、卫生材料厂、交通材料厂、粉丝厂、草鞋厂、纺织厂、造币厂和钨砂矿厂等。

除中央根据地外，其他各根据地也办有各种国营工厂。如川陕苏区的最大兵工厂拥有工人1400余人，各种机床138台。民用工业则有食盐厂、煤矿、铁厂、纺织厂和造纸厂等。

在国营事业中，各根据地交通邮电事业获得很快发展，修筑了许多公路桥梁，正式建立了各级"赤色邮政"，改变了各根据地革命前边区乡村根本没有邮政机构的状况，揭开了人民邮政的新篇章。

在苏维埃政府下的国营工厂中，工人成了企业的主人。他们参加企业管理和制订生产计划。因此，他们虽然工资很低，工厂设备简陋，工作条件差，工作十分辛苦，但工人们的生产积极性和劳动热情很高。他们在"一切为着革命战争，为着前线的胜利"的口号鼓舞下，经常在8小时工作外主动加班加点增加劳动时间。他们还开展多种形式的劳动竞赛，以增加产量，提高质量。工人的劳动热情和生产的积极性还表现在刻苦学习技术，积极创造革新方面。他们提出了"虚心学，快快学，我们多流汗，阶级兄弟少流血"的口号，并组织技术研究会，举行产品展览，以交流经验，提高技术。

（2）合作社工业。革命根据地的工业中，手工业占绝对优势，除一部分属国营工业外，绝大部分还是个体手工业。为了发展根据地的工业生产，繁荣根据地的经济，支援革命战争，改善人民生活，各根据地苏维埃政府在发展国营工业的同时，还极为重视个体手工业生产的恢复和发展，将个体手工业组织成生产合作社。

生产合作社是由劳动者集股，并共同参加劳动的集体生产组织，一般不允许雇工，剥削阶级分子不能参加。社员自己劳动，自己销售，赚的钱（除工资成本外的利润）提若干为奖金外，以50%的公积金扩大再生产，20%为公共事业（文化教育）费，30%照社员人数平均分配。也有的以 40% 按股金分配作为利息，10% 作为公积金，10% 作为办事人花红，40% 照社员付给合作社的利益比例分红。

苏区生产合作社从 1933 年起发展十分迅速，规模大小不一，合作社的种类有几十种之多。如中央苏区的宁都县的生产合作社就有 236 个，社员 13030 人，共有股金 15355 元。整个苏区生产合作社的发展，使 20 多万手工生产者有了工作，也使军民的日常必需品得到了很大补充。

（3）私营工业。私营工业包括个体手工业和私人资本主义工业。对于个体小手工业和私人资本主义工业，苏维埃工农民主政府在原料、资金、销售等方面给予有效扶助，并在生产和生活上予以合理的安排，使其逐步恢复发展起来。

随着革命根据地工业的逐步恢复和发展，根据地工人队伍不断壮大。为了保障工人的政治地位与经济利益，1931 年 11 月，中华苏维埃第一次全国代表大会通过了《中华苏维埃共和国劳动法》。该法规定了 8 小时工作制，废除了封建的和买办的剥削制度，实行同工同酬，对女工、童工、青工特别加以保护，另外还在劳动保护、安全卫生、社会保障、职工会、雇佣手续、劳资冲突等方面作了明确规定。但该法亦有些规定不适合边区落后工业的实际情况。因此，1933 年中央工农民主政府组织修改了这个劳动法，并予以重新公布，史称"新劳动法"。

新劳动法的颁布，进一步调动了苏区工人的革命积极性，更有利于苏区工业生产的恢复和发展，对发展根据地经济，巩固工农联盟和红色政权起了积极作用。

革命根据地的商业，分为公营商业、合作社商业和私营商业三个不同的部分。在各革命根据地建立后，其公营和合作社商业尚未建立和发展前，商品流通主要靠私营商业和农村圩场进行。

各根据地建立后，军队的需要激增，须与外地进行正常的物资交换贸易。但敌人对根据地实行了空前严密的经济封锁。因此，突破敌人封锁，建立公营和合作社商业，规范私营商业行为，大力开展根据地的内外贸易活动，就成为活跃根据地经济，改善人民生活，支援革命战争的一个重要环节。

根据地的外贸（指根据地与国统区的贸易，下同），起初全部由私商掌握。一些奸商利用国民党的经济封锁，凭借各种旧的社会关系，在一买一卖之间，对根据地人民进行"吓死人的剥削"，牟取暴利。

为了打破敌人的经济封锁，扭转贸易上的不利地位和打击投机商人的过分剥削行为，各根据地先后成立了对外贸易机构，进行有组织的对外贸易活动。1933年2月，中华苏维埃中央工农民主政府成立了对外贸易局，具体领导对外贸易。如中央苏区就曾在各重要出口地设立10余个采办处，在邻近国统区的县相应地设立了对外贸易分局、采办处、代办处或采购站。1934年初，中央苏区还吸收群众入股成立了一个公私合营性质的中华商业股份公司，并在重要市镇成立分公司，经营商品输出入业务。

粮食是农村市场上最主要的商品，为了保证军粮民食的需要和粮价的稳定，各级苏维埃工农民主政府还成立了粮食调剂局或粮食调剂分局，对粮食的数量、保管、调运出口等进行管理。除粮食外，苏维埃政府还组织了钨砂、纸张、樟脑、竹木、茶叶等商品的出口。

工农民主政府为了更好地开展对外贸易，打破敌人的封锁，除健全公营外贸机关外，还奖励私人商业输出输入各种必要的商品，并对私人商业输入的日常用品和军用品进行减税，以资奖励。

由于各根据地工农民主政府实行了灵活的外贸政策，调动了苏区和国统区商人的积极性，沟通了两区之间的商品流通，活跃和发展了苏区经济，从而基本保证了苏区的军需民用。在开展对外贸易的艰苦斗争中，苏区的许多干部群众战斗在敌人的封锁线上，千方百计地秘密运送物资，表现出了大无畏的革命热情和惊人的斗争艺术，不少干部群众还因此而献出了自己的宝贵生命。

在各根据地内部，苏维埃政府建立了以合作社商业为主体，公营商业和私营商业一起发展的内部贸易网络。其中，合作社商业是革命根据地商业的重要组成部分。它是由工农群众集股组织的群众性供销组织，有消费合作社、供销合作社和粮食合作社等形式。合作社有自上而下的组织系统，一般省里设总社，县以下各级设基层社，其社员可在年终时分得部分红利。合作社商业的创办，完善了根据地内的商品流通体系，打击了奸商的中间盘剥，保护了消费者利益。因此，群众都说"合作社第一好"。

开源节流 建立财政金融体系

革命根据地的财政金融与国民党政府的财政金融有着本质的区别。前者为保证革命战争的给养，保证苏维埃一切革命费用的支出，后者是为着剥削阶级的利益服务的。

根据地建立初期，财政收入主要是靠打土豪筹款和在战争中缴获敌人的物资，完全取之于敌。但随着根据地的扩大和红军的发展，红军和政府的开支大量增加，而随着土地革命的深入，根据地内的土豪基本打完，取之于敌的财源日益枯竭；另一方面土地革命后农业经济和工商业逐渐得到恢复和发展，这样工农民主政府的财政收入也就逐步转移到经济事业发展的基础上来。因此，和国民党政府竭泽而渔的财政政策相反，工农民主政府的财政收入是以发展国民经济来增加财政收入作为基本方针的。苏维埃工农民主政府废除了国民党政府的一切田赋、丁粮、厘金及各种苛捐杂税等不合理的税制，建立了新型的统一累进税的制度。其财政原则是：①把负担加在剥削阶级身上，在白区和苏区内对地主罚款，让富农捐款，以及在不损害苏区经济发展的条件下向商人作适当的征税；②努力进行经济建设，以发展国民经济，打破敌人封锁，节制商人剥削，来增加工农民主政府的财政收入；③依靠劳动农民群众的革命热忱去征收适当的土地税，充裕国家财政。

各根据地根据上述原则制定的税收制度具有明确的革命性和促进生产发展的作用。从农业税来说，家中人口少分田少的税轻，家中人口多分田多的税重；贫下中农税轻，富农税重；红军家属及雇农免税，受灾区域按灾情轻重减税或免税。从工商税看，工业税低于商业税，国营和合作社事业的税率低于私营事业税；资本小、收入少的税率低于资本大、收入多的税率。在货物税中，必需品的税率低于非必需品的税率。

苏区的财政支出，是以厉行节约，反对贪污浪费，取之于民，用之于民为原则。财政支出的节省，是工农民主政权的一个特点，也是打破敌人经济封锁，战胜物质条件困难，充裕革命根据地经济，树立勤勉朴素、密切联系群众、艰苦奋斗的政府形象的一项重要举措。

为了集中财力物力支援战争和开展经济建设，根据地苏维埃政府曾发行过多次公债。当时公债有经济建设公债和短期革命战争公债两种。如中央苏区1932年6月和10月发行过两次战争短期公债，一次60万元，一次120万元。1933年7月又发行了一次经济建设公债300万元，其中100万元作为红军军费，200万元贷给合作社、粮食调剂局和对外贸易局作经营资金。由于苏区公债本质不同于反动的国民党政府所发行的公债，所以它得到苏区人民的拥护和认购，如兴国红场乡，5天内就认购公债万余元，菜乡公债还未下达，群众就已认购4000余元。同时，苏区对所发行的公债，还实行短期还本制度，湘赣苏区曾发行 8 万元战争费公债，在半年内就还本了。

对于根据地的金融事业，中国共产党也十分重视。各地苏维埃工农民主政权建立初期，由于帝国主义和国民党政府造成的币制混乱，各种纸币、庄票、银行券充斥于市场，给苏区交易汇兑和人民生活带来许多困难。以后敌人还用不断贬值的纸币渗入根据地来抢购物资，收买根据地的金、银财富。因此苏区政权建立之后，立即建立了自己的金融货币体系，自己发行货币。最早成立的两家银行是 1927 年冬成立的闽西上杭县蛟洋区的农民银行和 1928 年 2 月成立的广东海丰的劳动银行。在赣南和闽西根据地，赣南的吉安，1929 年 8 月成立了东固平民银行。1930 年根据地扩大后改为东古银行，成为赣西南工农民主政府的银行。同年 11 月，闽西根据地在龙岩成立闽西工农银行。其他各根据地自 1930 年开始也陆续建立起银行。据中国人民银行金融研究所的调查统计，土地革命战争期间各根据地苏维埃政府先后建立的银行及其他信用机构共有 57 家，发行的纸币、布币、银币、铜币、兑换券、信用券、存款券、股票等共 217 种。

1931 年 11 月，中华苏维埃共和国成立后，即指定毛泽民负责筹备国家银行。1932 年 2 月 1 日，中华苏维埃共和国国家银行在瑞金的叶坪正式成立，毛泽民出任行长，3 月正式办理银行业务。革命根据地银行的主要业务活动是：发行货币，建立自己的货币体系；代理金库，支持财政；吸收存款，为经济建设筹集资金；发放贷款，促进工农商业的发展。苏维埃中央银行成立后，各根据地也先后成立了具有国家银行分行性质的银行。如1932年成立的湘鄂赣工农银行和闽浙赣工农银行，1933年2月成立的川陕工农银行等。这些银行都发行了本区流通的货币。

由于有了自己的银行和货币，各根据地工农民主政府严禁私人银行和钱庄发行任何货币，对国民党的货币只许可硬币流通，根据地的银币输出必须得到政府的许可，同时严格控制货币发行数量。这就保证了根据地货币不受国民党统治区的影响，保证了根据地市场和人民生活的稳定，促进了生产的发展，支援了革命战争和根据地的经济建设。

总之，在中国共产党及其苏维埃政权的领导下，各根据地建立和发展起来的新民主主义经济，在短短几年中就显示出强大的生命力。它否定了帝国主义的一切政治经济特权，摧毁了封建土地制度和封建地主阶级的统治，大大改善和提高了社会财富直接创造者工人、农民的经济地位。国营经济、合作社经济显示出了巨大的优越性，广大劳动人民在当家作主以后，表现出极大的生产积极性，生产得到迅速恢复和发展。这种崭新的欣欣向荣的新民主主义经济的出现，敲响了中国半殖民地半封建经济的丧钟。

4 启迪民智 兴办文化教育事业

农村革命根据地都建立在偏远的地区，这些地区的文化教育一向是落后的。中国共产党在各地领导建立起苏维埃工农民主政权以后，即花了很大精力抓根据地的文化教育工作，使偏僻落后、交通闭塞的根据地人民走上了文明之路。

中国共产党和苏维埃政府为解除反动统治阶级加在工农群众精神上的桎梏，发展科学的、民族的、大众的新民主主义文化教育，明确提出革命根据地文化教育的中心任务是：厉行全部的免费的义务教育，发展广泛的社会教育，努力扫除文盲，培养大批的有文化的干部，使根据地的广大民众成为享受文明幸福的人。

当时，在各根据地内，一切文化教育机关都掌握在工农劳苦群众手里，工农及其子女有享受教育的优先权。在根据地内，小学教育最为发达，从村到区、乡都设有列宁小学。根据苏维埃中央政府的规定，苏维埃政权下的小学教育，对于一切儿童，不分性别与成分差别，均实行免费义务教育。但在国内革命战争环境中，必须保证工农子弟优先上学。1934年1月，据江西、福建、粤赣3省的统计，在2932个乡中，有列宁小学3052所，苏区内的学龄儿童多数进入了列宁小学，接受文化教育。

为了全面发展社会教育，扫除文盲，各根据地普遍开办了夜校、识字组、俱乐部和业余补习学校等。在根据地内，15岁以下的儿童一般入小学，16岁以上青年与成人入夜校学习。夜校的任务是扫除文盲，提高青年和成人的文化政治水平。

为了大力发展苏区教育，各根据地还十分重视师资的培养和教育。如中央苏区1932年以后，就先后创办了瑞金列宁师范、中央列宁师范、江西省第一短期师范、列宁团校、瑞金小学教员训练班、职工运动高级训练班、中央农业学校、中央教育干部学校等。

在大力开展初等教育的同时，各根据地为培养和造就大批有知识、有专业的干部队伍，还先后创办一系列专业技术学校和高等学校。如中央苏区就创办了苏维埃大学、中央苏区党校、中央军事政治学校、红军大学、红军第一步兵学校、红军第二步兵学校、红军特科学校、卫生学校与各类训练班等。

随着根据地教育事业的发展，根据地的文化艺术事业也蓬勃发展起来，各种群众喜闻乐见的大众文艺，如歌谣、演唱、活报剧、话剧等十分繁荣，部队和地方政府为繁荣和管理苏区文艺工作，陆续成立了专门从事文艺工作的机构和团体，开展各种形式的文艺活动，其中戏剧活动最为活跃。如在中央苏区，高尔基戏剧学校和中央及地方苏维埃剧团，经常深入城镇、乡村、部队巡回演出，以满足苏区军民文化娱乐的需要。

红色歌谣是根据地革命文艺的重要组成部分。在土地革命战争时期，根据地曾出现了成千上万的红色歌谣。这些红色歌谣，以歌颂党、红军和革命领袖为主，反映了根据地人民对党和红军的真挚感情和坚定不移的革命意志，具有强烈的战斗性。如中央苏区的"朱德毛泽东，好比是东风，吹起满天下，到处都是春"，"松树开花排是排，湖南来了个彭德怀，带领红军到江西，贫苦农民心花开"，"树大不怕狂风吹，堤高不怕大水冲，工农有了共产党，坚决革命没二心"，"杀了老子有儿子，杀了儿子有孙子，儿孙代代当红军，坚决消灭白匪军"。应该说，根据地的这类歌谣是土地革命战争时期中央苏区人民斗争生活和革命战争胜利发展的生动写照。

为推动革命根据地文化教育事业的发展，宣传党和苏维埃政府的各项政策，指导根据地军民更好地为保卫苏维埃政权而斗争，各根据地的党和政府，都在极为恶劣的战争环境下，克服纸张、印刷机械、油墨等各种原料的严重匮乏，土法上马，艰苦创业，建立了根据地的新闻出版事业。其中，中央苏区的新闻出版工作，无论是规模数量，还是影响，在各根据地中都是最大的。到1934年初，中央苏区已有报纸杂志34种。《红色中华》鼎盛的时期发行到近5万份，《青年实话》发行到近3万份，《斗争》发行到2.7万余份。此外，如《战斗》、《苏区工人》、《红色江西》、《少年先锋》等发行量也达7000份左右。在当时频繁激烈的革命战争和艰苦的物质条件下，中央苏区能出版的报刊种类如此之多，发行面如此之广，是非常成功和罕见的。

四 抗日战争时期根据地的
创立与发展

 抗日中枢　陕甘宁边区的巩固

1935 年 10 月，中央工农红军胜利抵达西北革命根据地——陕甘宁边区，实现了史无前例的战略大转移。

为了加强对陕甘宁边区的领导，11 月，中共中央决定设立中华苏维埃共和国临时中央政府西北办事处，作为陕甘宁苏区的最高政权机关，下辖陕甘和陕北两省，关中和神府两个特区。

此时，中国抗日民主运动的高潮已经到来。中国共产党适应形势的转变，于 12 月在陕西安定县（今子长县）召开瓦窑堡会议，及时确定了建立抗日民族统一战线的策略方针，并迅速实现了陕甘宁边区的局部和平。随后，又主张和平解决西安事变，迫使蒋介石接受了联共抗日的条件，基本上停止了长达 10 年之久的内战。

西安事变后，国民党决定于 1937 年 2 月 15 日召开五届三中全会。2 月 10 日，中共中央为实现国共合作，共赴国难，致电国民党五届三中全会，提出五项要求、四项保证。五项要求是：停止内战，集中国力，一致对外；保障言论、集会、结社的自由，释放一切政治犯；召开各党各派各界各军的代表会议，集中全国人才，共同救国；迅速完成对日作战的一切准备工作；改善人民生活。为表示团结御侮的诚意，电文指出，如果国民党将上述五项要求定为国策，中共愿意作出四项保证，即：实行停止武力推翻国民党政府的方针；工农政府改名为中华民国特区政府，红军改名为国民革命军；特区实行彻底的民主制度；停止没收地主土地的政策，坚决执行抗日民族统一战线的共同纲领。

卢沟桥事变后，中国共产党根据同国民党谈判中口头上达成的协议，按照团结抗日的原则，进行更名改制的筹备工作。1937年7月15日起，陕甘宁边区进行从乡、区、县到全边区的民主选举运动。9月6日，原陕甘宁边区的苏维埃政府西北办事处，正式改称为陕甘宁边区政府，林伯渠任主席，直属南京国民政府行政院领导，下辖23个县，人口约150万。

陕甘宁边区政府成立后，在中共中央和毛泽东的直接领导下，实行了一系列的民主改革。在经济方面，边区政府遵照中共中央指示，将过去没收地主土地的政策改为减租减息的政策，但对农民在过去土地改革中已经取得的果实，予以坚决保障。除减租减息外，边区政府采取休养生息的政策，从各方面减轻人民负担，同时，采取发展农业生产和工商业的政策来增加生产。在农业方面，边区政府发动组织互助组，发展合作运动，以提高劳动生产率；发放农业贷款，帮助农民解决耕牛、农具和种子的困难。在工商业方面，边区政府废除苛捐杂税，奖励手工业生产，严禁垄断居奇，保护正当商人利益。此外，边区政府还加强公营经济，以适应军队和机关的需要。

由于政治的民主、生活的改善和文化教育事业的发展，延安迅速成为全国千百万爱国青年一心向往的圣地，大批青年从全国各地，甚至从侨居的印度尼西亚、马来亚、泰国、缅甸等地，走过千山万水，不顾国民党当局的阻挠迫害，不畏艰苦，奔向延安。他们响应中共坚决抵抗日本侵略的号召，经过学习培养，很多成为优秀的共产党员和坚持抗战、建设巩固边区的骨干。

边区人民抗日积极性空前高涨，抗日群众团体纷纷成立，如：边区总工会、青年救国会、农民会、妇女救国会、文化界救亡协会、西北战地服务团等。此外，边区还组织了工人抗敌自卫军、农民自卫军、青年自卫军、妇女自卫军和少先队等。到1938年底，边区自卫军人数已达22万余人，并建立了指挥系统，经常进行政治、军事训练，他们配合留守兵团有力地保卫了边区。

这样，在中共中央直接领导下，作为中共中央所在地的陕甘宁边区，就成为全国人民抗战的政治指导中心，成为敌后抗日根据地的战略总后方和全国实行抗日民主政治的模范区。

挥师敌后　抗日根据地的创建

　　1937 年 8 月，中国工农红军改编为国民革命军第八路军后，于 9 月间相继从陕西韩城、潼关东渡黄河，开赴山西抗日。9 月 25 日，八路军第一一五师设伏平型关，首战告捷，歼灭骄横跋扈的日军 1000 余人，缴获大批军用物资。随后，八路军 3 个师又配合国民党军队与日军进行忻口会战，在日军侧翼频频出击，多次截断日军后方主要交通线，击毁日军大批运输汽车，袭击日军增援部队，收复了一些县城，使日军受到严重威胁。但由于国民党军抵抗不力，11 月 8 日太原被日军占领。

　　太原失陷以后，华北地区以国民党为主体的正规战争已基本结束，以中国共产党为主体的游击战争上升至主要地位。八路军此后在华北敌后分兵发动群众，开展独立自主的敌后游击战争，收复被国民党军队丢弃的大片国土，稳定社会秩序，恢复和发展党的组织，扩大武装，创建敌后抗日根据地。

　　在晋察冀地区，1937 年 10 月，八路军第一一五师主力南下，聂荣臻将军奉命率 3000 余人挺进山西、察哈尔、河北三省交界地区，创建抗日根据地。

　　聂荣臻率领的八路军抵达晋察冀地区后，组织工作团，分赴晋东北、察南、冀西各地，建立"战地动员委员会"、"抗日救国会"等半政权性质的组织，广泛发动群众，武装群众，开展游击战争，收复了许多县城。11月7日，聂荣臻任司令员兼政委的晋察冀军区成立。此后仅半个月即粉碎了日军对根据地的八路围攻，使刚刚诞生的根据地经受住了一次严峻考验。1938年1月10日，晋察冀边区军政民代表大会在冀西阜平召开。会议经过民主选举成立了晋察冀边区行政委员会，宋劭文任主任委员，胡仁奎为副主任委员。出席这次会议的有共产党员、国民党员、各抗日军队和抗日群众团体的代表，有工人、农民、开明绅士和资本家的代表，有蒙、回、藏等少数民族的代表，以及五台山的和尚和喇嘛代表等，共140余人，代表着边区30余县的广大民众。这是敌后由中国共产党领导建立的第一个统一战线性质的抗日民主政权。这个政权建立后即颁布了各方面的政策法令，结束了原国民党政权在日军进攻面前土崩瓦解的混乱局面，稳定了社会秩序，促进了边区抗战力量的增长。在冀中，1938年10月，原国民党将领吕正操将军，在中共的帮助下，拒绝撤退命令，挥师北上，与中共地方党组织和河北民军会合，开辟了冀中区，并成立冀中军区和冀中区统一的政权领导机关——冀中行政主任公署，冀中根据地形成。在此同时，进入平西地区活动的八路军部队组成第四纵队，挺进冀东，经艰苦斗争，为冀热辽根据地的开辟奠定了基础。到1938年底，辖70余县，包括北岳、冀中、冀东、平西、平北5个地区的晋察冀抗日根据地正式形成。

在晋冀豫地区，太原失陷后，八路军第一二九师进入晋东南地区开展抗日活动，建立了以太行山为依托的晋冀豫根据地。此后，第一二九师分兵进入冀西、冀南、豫北等平原地区。在冀南，到 1938 年 8 月初，大部分县政权已为共产党掌握。8 月中旬，召开了各县代表会议，成立冀南行政主任公署，由杨秀峰任主任，宋任穷任副主任。在此同时，薄一波领导的山西抗日决死第一、三纵队，在第一二九师一部配合下，创建了太岳抗日根据地；朱瑞将军代表中共中央北方局和八路军总部，领导组建了晋豫边抗日游击支队，开辟了晋豫边抗日根据地。至 1938 年底，晋冀豫抗日根据地已初具规模。

在晋绥边区，1937 年 9 月下旬，八路军第一二〇师在贺龙、关向应等率领下，进入晋西北管涔山脉地区，组织挺进大队和工作团，在地方党组织和牺盟会、部分山西新军团队的配合下，发动和组织群众，开展游击战争，改造和建立政权。次年 3 月，晋西北根据地军民粉碎了日军对根据地的首次围攻，为晋西北根据地的巩固和发展奠定了基础。5 月，第一二〇师还组织了大青山支队，挺进绥远，同在大青山活动的中共蒙汉游击队会合，到年底开辟了以大青山为依托的绥西、绥南、绥中三块游击根据地，并逐步同晋西北根据地连成一片，成为陕甘宁边区的屏障。

在晋西南地区，1937 年 11 月，八路军第一一五师奉命由正太路南进，并适时转向吕梁山脉创建晋西南抗日根据地。后因国民党的无理阻挠，被迫停止向吕梁山开进。次年 2 月，国民党军退出吕梁地区，吕梁部分地区成为敌后。随后，第一一五师一部进入该地区，一面保卫黄河防线，屏障陕甘宁边区，钳制日军行动；一面发动群众，在山西新军的配合下，开展游击战争，创建根据地。3月初，第一一五师师长林彪为国民党哨兵误伤离职，由陈光代理师长。此后，第一一五师主力在汾离公路沿线及其以南地区，对日军和敌后方运输部队多次进行伏击作战，给敌以有力消耗和杀伤，巩固和保卫了晋西南抗日根据地。

在山东地区，济南失守后，国民党山东省主席兼第三集团军总司令韩复榘不战而逃。中共山东省委决定利用日军进攻和国民党军溃逃的有利时机，广泛发动和领导山东人民举行抗日武装起义。到1938年3月，起义便已遍布山东全省。这些起义武装，以后大多成为八路军山东纵队主力，并开辟了鲁西北30余县的抗日根据地。

为使山东成为八路军在华北的一个重要战略基地和联系华中新四军的战略枢纽，1938年5月，中共中央派郭洪涛率一部分军政干部到山东工作。7月，中共中央又根据徐州失守后的形势，将山东省委扩大为苏鲁豫皖边区省委，同时又派出一部分八路军主力部队到山东，以加强对这一地区抗日游击战争的领导，扩大和巩固抗日根据地。到1938年底，山东地方部队和八路军主力一部分别建立了鲁南、鲁中、鲁北、胶东及以宁津、乐陵为中心的游击根据地。

在华中地区，中国共产党领导下的另一支军队——新四军，也正向被日军占领的华中敌后挺进，开始创建华中抗日根据地。

1938 年 1 月，新四军军部在南昌成立。随后，南方八省游击队进行集中改编，组成第一、二、三、四支队。1938 年 3、4 月间，新四军第一、二、三支队先后到达皖南岩寺集中，第四支队东进到皖西霍山流波疃地区集中，新四军军部也由南昌移至皖南泾县云岭。

4 月下旬，粟裕将军率新四军先遣支队向苏南敌后挺进。6、7 月间，陈毅、张鼎丞分别率第一、二支队到达苏南。6 月 17 日，新四军先遣支队在粟裕指挥下，在镇江西南的韦岗截击一支日军汽车队，取得了江南新四军的第一个胜利。陈毅将军为此战曾赋诗一首：

弯弓射日到江南，终夜喧呼敌胆寒。

镇江城下初遭遇，脱手斩得小楼兰。

随后，新四军第一、二支队声东击西，粉碎了日军的多次"扫荡"，到 12 月底，初步建立了以茅山为中心的抗日游击根据地，为继续坚持江南敌后斗争奠定了基础。在此同时，谭震林领导的第三支队在策应第一、二支队挺进苏南以后，迅速开赴皖南抗日前线。高敬亭则率第四支队，于 4 月间东进到舒城、桐城、庐江、无为地区。5 月 12 日，首战蒋家河口，而后不断伏击日军，并于 10 月下旬攻克无为、庐江两座县城，打开了皖中的抗战局面。

从 1937 年 9 月到 1938 年底，我敌后军民经过一年半的斗争，建立了大小 10 多块抗日根据地和游击区，根据地和游击区的人口在 5000 万以上，开辟了广大的敌后战场，牵制了大量日军，有力地配合了国民党正面战场作战，促使了抗日战争相持阶段的早日到来。

抗日战争进入相持阶段以后，日军将军事打击重点转移到敌后，对敌后抗日根据地发起了大规模"扫荡"，并施行野蛮的烧光、杀光、抢光的所谓"三光"政策，以确保其占领区。

在华北抗日根据地，自1938年底开始，日军就纠集重兵，对华北根据地的冀中区、冀南区、北岳区、晋西北、冀鲁豫、山东等抗日根据地发动了多次大规模"扫荡"。在反"扫荡"胜利的基础上，1940年8月，中国共产党为克服相持阶段到来后国内出现的空前投降危险，集中了华北八路军主力105个团20余万人，发起了震惊中外的百团大战，毙伤日军2万余人、伪军近3万人，稳定了全国战局，遏止了国民党内的妥协投降逆流。

在百团大战中，华北各抗日根据地的人民群众，给作战的子弟兵以有力支援。他们配合军队破路、平沟、拆墙、毁桥，运送弹药给养和抢救伤员，出现了许多可歌可泣的英雄模范事迹。如寿阳县景上村王蝉余等3人，随军在火线上抢救伤员，第一位上去牺牲了；第二位接着上去抢救，又牺牲了；第三位又奋不顾身，毫不犹豫地冲上去，终于将伤员抢救下来。和顺县寺沟村的一位老大娘，在敌人逼近本村仅两三里的危急情况下，一连把7个伤员背入山沟中隐蔽。正是由于千百万不知名的人民群众的无私支援和配合，才有了百团大战和多次反"扫荡"的胜利，才有了华北抗日根据地的发展。到1940年底，晋察冀抗日根据地已发展到同蒲铁路以东，正太、石德铁路以北，张家口以南的广大地区，成为拥有1500余万人口的华北最大的抗日根据地；晋冀豫根据地发展到北接晋察冀边区，东北至津浦路，西至同蒲路，南至黄河的广大地区；冀鲁豫根据地向南发展至陇海路，西面、北面接连晋冀豫根据地，东面与山东根据地相邻；晋西北根据地发展到汾离公路以北，东至同蒲路，西到黄河边的广大地区；山东抗日根据地在罗荣桓率领的八路军——五师一部进入根据地以后，形成与山东纵队两大八路军主力协同配合作战的局面，建立和发展冀鲁边、湖西、鲁西、鲁南、鲁中、胶东、清河、滨海等抗日根据地，使山东根据地同华中根据地连接起来。

在华中抗日根据地，1939年1月，刘少奇奉中共中央命令，从延安南下到达河南确山竹沟镇，主持中共中央中原局的工作。刘少奇到达华中地区以后，特别强调建立和扩大党领导的人民武装力量和建立抗日民主政权的重要性；强调在抗日民族统一战线中，要坚持独立自主原则，最大限度地团结一切可以团结的力量，孤立反共顽固派。此后，华中新四军根据向南巩固，向东作战，向北发展的战略方针，先后成立了江北、江南指挥部，东进皖东，渡江北上，执行开辟皖东、苏北抗战局面，建立敌后根据地的任务。在此同时，彭雪枫率领新四军游击支队，开辟了豫皖苏抗日根据地，不久组成了新四军第六支队。另一支在竹沟组建的新四军独立游击大队则在李先念的领导下，于 1939 年 1 月挺进鄂中，创立了以白兆山、大悟山为中心的鄂豫边抗日根据地，并组建了新四军鄂豫挺进支队。1940 年 6 月，为支援华中敌后战场，黄克诚率冀鲁豫八路军共 1.2 万余人到达皖北。随后，执行东进淮海开辟苏北的任务。这样到 1940 年底，新四军在中共中央和刘少奇、项英、叶挺、陈毅、粟裕、彭雪枫、李先念等领导下，建立了以皖东、皖东北、豫皖苏边、苏北、鄂中为中心的华中敌后抗日根据地。这块抗日根据地南扼长江，北倚陇海铁路，津浦铁路、京汉铁路南段均受新四军东西夹击，并直接威胁着南京、上海、武汉等大中城市的日伪巢穴，牵制了日伪很大兵力，形成了新四军在华中与日军直接对峙的局面。

在华南，广州失陷后，国民党军队溃逃，日军占领广九铁路沿线重要城镇。这时，中共广东党组织领导东莞壮丁模范队和新建的惠（阳）东（莞）宝（安）人民抗日游击队积极开展游击战争。1940 年 8 月，这两支抗日游击队创建了东江抗日游击根据地。后来，这支抗日队伍发展成为广东人民抗日游击队东江纵队，由曾生、林平分别任司令员、政治委员。在海南岛，1938 年 12 月初，长期战斗在海南岛的琼崖红军游击队改编为广东省民众抗日自卫团第 14 区独立队。这支队伍后来发展成为琼崖人民抗日游击纵队。琼崖纵队在总队长兼政治委员冯白驹的领导下，神出鬼没地打击日伪，创建了琼崖抗日根据地。东江、琼崖抗日根据地成为中国共产党在广东领导人民抗战的重要基地。

从抗战开始到 1940 年底，中国共产党领导的敌后游击战争不仅牵制了大量日军，有力地配合了正面战场，而且积小胜为大胜，逐渐消灭日本侵略者的有生力量，使人民抗日武装和敌后抗日根据地迅速发展壮大起来。从抗战开始到 1940 年底，中国共产党领导的抗日武装部队由抗战开始时的 5.5 万多人发展到 50 余万人，此外还有大量地方武装和民兵，建立了华北、华中和华南等十几块根据地和游击区。这些根据地和游击区共拥有近 1 亿人口，成为全国抗战的中流砥柱。

黑云压城　抗日根据地的困难

敌后抗日根据地和人民抗日武装的发展壮大，给日伪军以沉重打击。认识到中国共产党领导的八路军、新四军才是中国抗日中坚力量的日本侵略军，为实现变中国为其南进基地的目的，决心全力以赴摧毁敌后抗日根据地，迅速结束侵华战争。为此，他们自 1941 年起调集重兵，持续对华北、华中、华南抗日根据地进行大规模"扫荡"、"蚕食"和"清乡"。

在华北地区，1941 年至 1942 年，日伪军对华北抗日根据地的"扫荡"，一次使用兵力在千人以上至万人的达 132 次，万人以上至 7 万人的达 27 次，有时反复"扫荡"一个地区达三四个月之久。在"扫荡"中，日军实行野蛮的"三光"政策，大肆烧杀淫掠，制造无人区，使根据地人畜不留，庐舍为墟。如 1941 年 1 月，日军 1500 余人突然包围冀东丰润的潘家峪，将全村男女老幼驱赶到一个大院内，用机枪扫射屠杀群众1300余人，烧毁房屋千余间，制造了骇人听闻的潘家峪惨案。1941年8月，日军5万余人对晋察冀的北岳区和平西区进行为期2个月的"扫荡"，在北岳区阜平、龙华奸淫妇女近千人；在涞源东杏花村残杀无辜群众20余人，还将村长等人脑浆取出，称为"开脑汤"，逼群众喝下。日军在北岳区的这次"扫荡"，总计残杀群众4500余人，烧房15万间，抢走或烧毁粮食2900万公斤，抢走牲畜1万余头。

1942年5月1日，冈村宁次调集5万军队对冀中进行野蛮的"五一大扫荡"。5月27日，在冀中定县的北疃村，日军灭绝人性地施放毒气，一次毒死地道里的老幼妇孺800多人。在这次大"扫荡"中，冀中八路军减员达1.6万余人，区以上干部牺牲1/3，群众被杀被抓5万余人，造成了冀中平原"无村不戴孝，到处是狼烟"的悲惨景象。而太行区在1941年和1942年两年中，直接被敌人杀害和抓去的群众约有35万余人。

为了分割和"蚕食"根据地，日军还利用铁路、公路作为封锁的干线，沿线密布据点，沿点线修筑封锁沟、封锁墙，然后扩大支线，向根据地穿插延伸，逐步构成对根据地的严密封锁体系。据对冀中、太岳、太行3区1942年的不完全统计，在20多万平方公里的根据地内，日伪修筑公路1万余公里，建据点1892个，筑碉堡岗楼5591个，挖封锁沟7600余公里，筑封锁墙560余公里。其中，冀中平原地区每100公里内敌人就修筑公路 20 公里，建据点 1 至 2 个，修碉堡 10 个，挖封锁沟 20 公里，筑封锁墙 1 公里，根据地被分割成 2670 个小块。这样，日军就对根据地形成了以铁路为柱，公路为链，碉堡为锁，辅之以封锁沟、封锁墙分割的封锁网。然后在各区配置重兵，分散布置，对抗日根据地进行"蚕食"和"扫荡"。

更有甚者，日军为向抗日根据地核心区推行"蚕食"政策，割断人民群众与抗日武装的联系，疯狂地烧杀抢掠，驱赶群众，毁坏村庄，制造"无人区"。在"无人区"内，日军见人就杀，见房就烧，见庄稼就毁坏，使根据地遭受了巨大损失。如日军曾在晋察冀根据地的冀热辽区和平北区建起了长约 850 公里，涉及 25 个县，总面积达 5 万平方公里的"无人区"。"无人区"内数千座村庄被毁，无数平民被驱走和杀害。

此外，日军为摧毁根据地军民的生存条件，在对根据地实行军事政治上的"蚕食"封锁的同时，还在经济上实行封锁、掠夺和破坏。如抢掠根据地资财，破坏根据地内的生产设施、运输工具以及被服粮秣仓库等。

在华中和华南，日军亦根据其在华北的所谓经验，对根据地进行了血腥的"扫荡"、"清乡"和"蚕食"。

面对日军的"扫荡"、"蚕食"、"清乡"与野蛮的"三光"政策，各抗日根据地军民并未屈服，他们在敌后战场，拿起刀枪，展开了艰苦卓绝的反"扫荡"、反"清乡"和反"蚕食"斗争，谱写了一曲曲英勇悲壮的历史史诗，涌现出成千上万的民族英雄。

当敌后抗日根据地军民与日伪浴血奋战的时候，国民党顽固派仍坚持消极抗日、积极反共的政策，在华北不断制造反共摩擦事件，停发八路军的薪饷、弹药、衣被等物资；在西北则用 50 万大军包围封锁陕甘宁边区，扬言"不让一粒粮，一尺布进入边区"，并断绝对边区的一切外来援助；在华中则于 1941 年 1 月发动了亲痛仇快的皖南事变，公然宣布新四军为"叛军"。对此，中共中央于 1 月 20 日宣布重建新四军军部的命令，任命陈毅为新四军代理军长，刘少奇为政治委员，将陇海路以南的新四军、八路军统一整编为 7 个师和 1 个独立旅，分别在苏中地区、淮南地区、淮海和盐阜地区、淮北地区、豫鄂地区、苏南地区、皖江地区等地活动，建立和巩固了苏中、淮南、淮北、淮海、盐阜、豫鄂、苏南、皖江、浙东等华中敌后抗日根据地。

总之，由于日伪顽的联合进攻和敌我力量悬殊，加上华北地区连续几年发生严重自然灾害，中国共产党领导的抗日根据地从 1940 年秋即陷入困难状态。这种困难局面一直延续到 1943 年秋。到 1942 年底，八路军、新四军已由 50 万人减为 40 万人，华北抗日根据地中的冀中、冀鲁边、冀南、冀东、大青山等根据地绝大部分变成了游击区，有的则变成了敌占区；很多抗日民主政权被破坏。抗日根据地面积缩小了，总人口由近 1 亿减少到 5000 万以下。这样，由于战争频繁和日伪顽的封锁及自然灾害的影响，根据地生产遭到严重破坏，财政经济情况极端困难，物质生活极其艰苦，以至抗日军民几乎没有衣穿，没有油吃，没有纸，没有菜，战士没有鞋袜，工作人员在冬天没有被盖。当时的困难真是太大了！

天罗地网　神出鬼没袭击日伪

为了彻底粉碎日伪对敌后抗日根据地的"扫荡"、"蚕食"与"清乡"，敌后抗日根据地人民，在中国共产党领导下，开展了群众性游击战争。他们不分军队与群众，不分男女老幼，都加入了对敌斗争的浪潮中。在对敌斗争中，广大人民群众创造了各具特色的游击战术，打击敌人，保护自己，使敌人陷入人民战争的汪洋大海。

地道战是根据地人民进行游击战的一种形式，它始于冀中平原地区。1942 年，在应对日军"五一大扫荡"中，冀中军民把"藏身洞"发展成家家相通、村村相连的地道网。在斗争中，群众总结了应对敌人用水、火、毒气进攻地道的经验教训，解决了地道内的通风、照明、防水、防火、防毒、防挖掘等问题，并在地道内设有秘密的瞭望孔和射击孔，由"藏身之地"变成了完整的攻防工事和地下战斗体系。广大民兵则以地道为依托，从村里到村外，从西到东，从房上到地下，神出鬼没，来去无踪，到处打击敌人。冀南平原地区的军民也吸取了冀中地道战的经验，由地面斗争转入地下斗争，有效地保存了自己的力量，坚持了平原斗争。此外，冀中、冀南的许多村庄，在房屋之间架起天桥，掏墙连院，互相连接，构成使日伪望而生畏的立体"迷魂阵"，把无险可守的平原变成了抗敌要塞，迫使日军惊呼"剿共战已变成地道战"。

在敌后根据地军民的对敌斗争中，人民群众还因陋就简，制造出大量铁制地雷、石制地雷和瓷雷，开展地雷战。他们在大道、小路、山坡、草丛、树上、树下，到处布雷，使进入根据地的日伪军寸步难行。晋察冀根据地的北岳区，在 1943 年的反"扫荡"战斗中，地雷战大显神威。敌人在根据地所到之处，都受到地雷的杀伤。在根据地核心区——阜平，日军走路，脚底下地雷炸；挖窖，窖口地雷炸；推门，门框上吊的地雷炸；抓鸡，鸡窝里拴的地雷炸；到菜地拔萝卜，萝卜下面的地雷炸。致使日军在阜平不敢走路，不敢进屋，不敢动任何物件。当日军逃出阜平时，民兵们提出"敌人到哪里，地雷响到哪里"的响亮口号。各根据地民兵在地雷战中，还有很多发明创造，显示了劳动人民的智慧和力量。如：敌人害怕踏雷，就强迫民夫在前边开路，于是民兵们发明了一种"踏拉雷"，前边的人踏上了，后边的地雷爆炸。这样，民夫走过去了，却炸死了后面的敌人。以后，敌人听到前边公路上地雷爆炸，就迅速跳到路旁沟里躲避，民兵们又发明了"连踏雷"，埋在公路上和沟里的地雷同时炸，使敌人无处藏身。为了对付敌人的地雷探测器，民兵们又发明了一种"雷上雷"，也就是埋两层地雷，上下联结。敌人用探测器探到地雷，急忙刨出，不料牵动了下边的地雷，被炸得血肉横飞。此外，民兵们还发明了挂雷、轰水雷、滚石雷等，使敌人防不胜防，躲不胜躲，屡遭杀伤。对地雷战的威力，日军指挥官曾在日记中写道："地雷战使我将官精神上受到威胁，使士兵成为残废。尤其要搬运伤员，如果有 5 人受伤，那么就有 60 个士兵失去战斗力……地雷效力很大，当遇到爆炸时，多数要骨折大量流血，大半要炸死。"

此外，为配合主力部队的反"扫荡"作战和打击敌人的"蚕食"骚扰，抗日根据地的民兵、游击队等群众武装还发明了使敌人疲于奔命的"麻雀战"，孤立敌人据点的"围困战"，村与村之间的联防战，破坏敌人交通线、通信设施的交通战、破击战等。如 1943 年 1 月，山东滨海区民兵和群众，为策应沂蒙区的反"扫荡"作战，在临郯公路的九曲店至重兴段的 100 余公里的公路上，进行了为期 4 天的万人大破袭。在民兵的带领下，根据地男女老幼一起出动，破路、炸桥、毁岗楼、割电线，把敌人的交通、通信设施和碉堡岗楼毁坏殆尽，使日军陷于瘫痪状态，显示了民兵联防破击战的巨大威力。1943 年春，苏中根据地军民为摧毁日伪用来"清乡"构筑的篱笆，掀起了大规模的群众性的破击运动，参加破击战的人民群众达十几万人，烧毁修篱笆用的竹竿 500 多万根。

在广泛的群众性的对敌斗争中，在山地，在平原，在河湖港汊地带，在铁路线，出现了各式各样的游击队、短枪队与游击小组。他们密切配合主力部队作战，机动灵活，神出鬼没地打击敌人。享誉敌后抗日根据地的水上游击队和敌后武装工作队（简称武工队）就诞生在这一时期。

著名的"雁翎队"就是冀中白洋淀的一支水上游击队。他们经常活动在面积约 250 平方公里的白洋淀内，利用芦苇作掩护，出没无常，行动快速，有时白昼伏击敌人，有时夜晚袭击敌人据点。他们仅在 1943 年上半年，就和主力部队一起拔掉敌人 30 多个岗楼和据点。

武工队是八路军在坚持根据地斗争的同时，在敌占区开展斗争的组织形式，它在摧毁伪政权，瓦解日伪军，粉碎日军的"蚕食"和"治安强化运动"，建立抗日民主政权，变敌占区为游击区，变游击区为根据地等方面发挥了巨大作用。武工队通常由 20～30 人组成，它组织精干，机动灵活，每个队员都是战斗员、宣传员和组织工作者。在敌后，他们锄奸反特，分化瓦解日伪军，建立抗日政权和群众武装，巧妙地与敌周旋，出其不意地袭击敌人。令津浦铁路鲁南段沿线日伪军闻之色变的铁道游击队，就是当时活跃在敌后的数千支武工队中的一支。这支游击队以微山湖为依托，经常出入敌占区，活跃在枣庄至临城的铁道线上，破铁路，翻火车，袭据点，毁洋行，有时他们还能在风驰电掣的火车上跳上跳下，从敌人手中夺取大批军用物资运回根据地。铁道游击队在鲁南声东击西，忽南忽北，虚虚实实，真真假假，弄得敌人疲于奔命，防不胜防。其惊险传奇的故事至今仍家喻户晓，脍炙人口。

华中、华南的抗日根据地也都组建了各具特色的游击队和游击小组，积极配合主力作战，形成了主力部队、地方部队和群众性民兵游击队三者结合的对敌斗争体系。

在群众性的游击战中，抗日根据地的男女老少，人人为抗战出力。青壮年男子为军队抬担架，送情报，送弹药，运粮食；妇女们做鞋袜，缝衣服，看护伤病员；儿童们站岗放哨，盘查行人。

抗日根据地群众性游击战争的开展，充分体现了中国共产党的"人民战争"思想和"全民抗战"方针，使日伪军在根据地到处碰壁，处处挨打，寝食不安，使抗日根据地在残酷的对敌斗争中逐步度过了严重困难时期，走向恢复与再发展的新时期。

中流砥柱　抗日根据地的反攻

1943 年春，世界反法西斯战争转入战略反攻。欧洲法西斯战争机器已分崩离析。在太平洋战场，美军给日军以重创，迫使日军逐步转入战略防御。

太平洋战场美军的战略性胜利，对中国战场产生了直接影响。日军为挽救其灭亡的命运，在中国战场方面对中共领导的敌后根据地进行更加残忍的"扫荡"、"蚕食"，对国民党继续进行逼降和诱降，以巩固占领区，迫蒋投降，结束对中国的战争；另一方面又从中国的华北、华中抽调兵力驰援太平洋战场，并企图集中兵力打通大陆交通线，建立与东南亚的陆上联系，扭转太平洋战场的战争态势。这样，1943 年中国敌后抗日根据地的斗争形势尽管仍很严重，条件仍然困难，但日军兵力的抽调，相对地减轻了中国敌后战场的压力，有利于敌后抗日根据地的恢复和发展。

在华北，中共中央北方局明确提出："1943年华北党的基本任务，在于进一步巩固敌后抗日根据地，坚持敌后抗日游击战争，克服困难，积蓄力量，为反攻及战后作准备，以便迎接伟大的新时期之到来。"

为贯彻上述指示精神，华北各抗日根据地结合自己的特点，以灵活机动的作战方针，开展对敌斗争，逐步渡过难关，并使山区各抗日根据地得到发展，平原抗日根据地得到恢复，为对日反攻作战作好了必要准备。

与此同时，华中、华南抗日根据地军民也粉碎了日伪多次"扫荡"和"清乡"，逐步度过了困难时期，根据地逐步恢复起来。

随着1943年抗日根据地的恢复和发展，各抗日根据地军民自1944年起在敌后战场发起局部反攻，打击牵制日伪军，扩大抗日根据地。到1945年初，敌后抗日根据地经过一年的局部反攻和整风、生产运动，政治、军事、经济等方面都获得了很大的加强，根据地已拥有9000万人口和200多万民兵。正规部队不但在数量上增加到78万人，而且经过攻势作战和练兵运动，军政素质和装备质量已有显著提高。这就为开展更大规模的攻势作战，扩大根据地，创造了极为有利的条件。

面对国际国内形势的发展，1944年12月15日，毛泽东在陕甘宁边区参议会上发表了《1945 年的任务》的演说。在演说中，毛泽东提出 1945 年解放区军民的首要任务是"消灭敌伪，扩大解放区，缩小沦陷区"，要开展更大规模的攻势作战，"把一切守备薄弱，在现有条件下能够攻克的沦陷区，全部化为解放区，迫使敌人处于极端狭窄的城市与交通要道之中"，待机将敌完全驱逐出去。此后，各抗日根据地军民，根据毛泽东的指示，从各自的实际出发，制定具体作战方针和计划，领导本地区军民，展开了大规模春、夏季攻势作战，迅猛扩大解放区，缩小沦陷区。

在华北，华北抗日根据地军民在春、夏季攻势中，共发起战役战斗 5558 次，歼灭日伪军 11.3 万余人，攻占日伪据点 3512 处，解放县城 54 座，根据地迅速扩大，不少地区基本上连成一片，日伪军已被压缩在县城和大城市周围及铁路沿线，形成对日伪据点的包围态势。

在华中，华中抗日根据地军民继续开展攻势作战，在 1945 年 1 月至 8 月，共攻克敌占县城 2 座，拔除日伪据点 100 余处，歼灭日伪军 3 万余人，并争取了4700 余名伪军投降反正，解放区获得较大发展。在此同时，粟裕、叶飞领导的新四军第一师挥师南下，成立了苏浙军区，创建了苏浙皖抗日根据地。王震、王首道率领的八路军南下支队，辗转 7 省，跋涉 8000 余公里，战胜了严寒酷暑，征服了高山大河等自然险阻和日伪顽的围堵拦截，创建了湘鄂赣抗日根据地。

在华南，华南抗日根据地军民也展开攻势作战，并取得较大战果，建立了拥有 300 多万人口的巩固的根据地。

到 1945 年夏，中共中央领导下的八路军、新四军和华南抗日游击队，已发展到 91 万余人，民兵发展到 220 万人，同时建立了遍于华北、华中、华南的 19 块抗日根据地，即：陕甘宁区、晋察冀区、晋冀豫区、冀鲁豫区、山东区、晋绥区、冀热辽区、苏北区、苏中区、苏浙皖区、浙东区、淮北区、淮南区、皖中区、河南区、鄂豫皖区、湘鄂区、东江区、琼崖区，所辖人口 1 亿多，总面积约 95 万平方公里。日军占领的大多数中心城市、交通线和海岸线都处在抗日根据地军民的包围之中。而此时，国民党军队的主力尚分布在西南、西北地区，远离抗日前线，未作反攻准备。

1945 年春，雅尔塔会议后，世界战局发生急剧变化，德意法西斯迅速崩溃，日本法西斯则为挽救败局，继续作垂死挣扎。1945 年 8 月 8 日，苏联政府对日宣战，并出兵中国东北。

在苏联政府对日宣战并出兵东北的时候，中共中央主席毛泽东于 8 月 9 日发表了《对日寇的最后一战》的声明，号召"八路军、新四军及其他人民军队，应在一切可能的条件下，对于不愿投降的侵略者及其走狗实行广泛的进攻，歼灭这些敌人的力量，夺取其武器和资财，猛烈地扩大解放区，缩小沦陷区"。此后，各抗日根据地军民组织反攻大军，向日伪发出通牒，陆续向日伪发起全面反攻。

在华北，冀热辽根据地军民首先进入东北，协同苏联红军解放了全东北。晋察冀根据地军民向平绥路东段，平汉路北段，津浦路北段进攻，解放了察哈尔省全部，并包围了北平、天津、保定等城市。晋绥根据地军民向同蒲路北段，平绥路西段进攻，解放了绥远、山西的广大国土。山东根据地军民向津浦路中段和胶济路进攻，解放了山东境内100多座县城。晋冀鲁豫根据地军民向平汉路中段，陇海路中段进攻，解放了黄河沿岸的广大国土。

在华中，华中各抗日根据地军民向沪宁、沪杭甬、浙赣、淮南等路及津浦路南段，陇海路东段进攻，直逼南京、上海、武汉等大中城市，解放了华中地区大片国土。

在华南，华南抗日游击队集中主力，分别向广九路沿线、东江西岸、雷州半岛日伪军展开进攻，扩大了解放区，直逼广州、汕头、海口等城市，解放了华南地区大片国土。

从1945年8月11日到10月10日，敌后抗日根据地军民在反攻作战中，毙伤日伪军23万余人，收复城市197座，解放国土近32万平方公里，解放人口1870余万。

但是，在8年抗战中，从华北、华中退缩到西南、西北，丧失国土297万平方公里的国民党蒋介石集团，为抢夺抗战胜利果实，剥夺了敌后解放区军民的受降权，被敌后抗日根据地军民包围的许多大城市与交通线，因国民党军队的阻挠，未能得到解放。

在中国共产党的正确领导下，中国抗日根据地军民高举团结抗战的旗帜，同日本帝国主义进行了长达8年的艰苦卓绝的斗争，牵制和抗击了国际法西斯东方战场的力量，创造了不朽的抗战业绩，树立了新民主主义新中国的良好模式。

五 抗日战争时期根据地的
政权与法制

 承前启后 建立抗日民主政权

九一八事变后，面对日益严重的民族危机，中国共产党迅速确立了建立抗日民族统一战线的策略方针。随着抗日战争的全面爆发和第二次国共合作的确立，中国共产党将原陕甘宁革命根据地苏维埃政府改为中华民国特区政府，从而完成了苏维埃政权向抗日民主政权的转变。此后，中国共产党领导人民深入敌后开辟根据地，建立了一系列敌后抗日民主政权。然而抗战时期，各敌后根据地只有地方政权，没有建立统一的中央政权。

陕甘宁边区和各敌后抗日根据地建立的抗日民主政权，在形式上属于中华民国的地方政权，但在性质上，则既不同于大地主、大资产阶级的专政，也不同于苏维埃工农民主专政，而是中国共产党领导下的抗日民族统一战线政权，是一切赞成抗日又赞成民主的人们的政权，是几个革命阶级联合起来对于汉奸和反动派的民主专政。参加这一政权的已不限于工人、农民，而扩大到了小资产阶级、民族资产阶级、富农和一般地主，他们都享有选举权和政治上的自由权利，只有汉奸和反动派被列为专政对象。抗日民主政权的基本力量是工人、农民和小资产阶级，主力是工人和农民。

抗日民主政权的组织形式是参议会制度。参议会制度是在第二次国共合作条件下由苏维埃代表大会制度过渡而来的。这一制度在陕甘宁苏维埃政权向抗日民主政权转变的初期，曾称议会制度。1938 年 7 月，第一届国民参政会作出了在各省、市召开参议会的决定。同年，国民政府颁布了《省参议会组织条例》和《市参议会组织条例》。为了保持与国民政府行政组织上的统一，陕甘宁边区议会制度改称参议会制度，并逐渐推广到其他根据地。当然，由于战时各根据地处于战争环境与分割状态，各自相对独立，因此政权组织形式的名称不完全相同。有的边区不一定称参议会，在参议会的级别构成及其他方面也略有差别。但总体说来，其组织原则、结构、职权和基本活动方式则大同小异。

抗日民主政权的参议会制度虽然名称与国民政府的参议会制度保持一致，甚至在组织结构上也存在相似之处，但其组织指导原则，则更多地保留了苏维埃代表大会制度的某些特点。如它继续实行民主集中制、党的领导、议行合一等原则，并在发展过程中，实行"三三制"与精兵简政原则。根据法律规定，各级参议会为各级政权的最高权力机关，它由选民选举产生。政府和司法机构由参议会选举产生，对其负责并受其监督制约。政府必须尊重和执行参议会的决议而无任何否决权。如果政府认为参议会的决议不妥，其唯一的权力是详叙不妥的理由送交原参议会复议。送回原参议会复议的议案只复议一次，参议会如认为要求复议的理由不充足，可不予复议。如果复议维持原议，政府部门必须立即执行。因此，政府对参议会仍不存在权力制衡，而只存在分工。在各种政权机构中，参议会实处于全权和核心地位。

抗日根据地的行政机构主要有边区（省）政府（或行政委员会）、行政公署、行政督察专员公署、县政府、区公署（区公所、区政府、区行政委员会）、乡（村）政府。但各根据地所设的行政组织很不统一，同一块根据地在不同时期情况也不完全相同。如各边区（省）政府下设机构大体相同的有民政、教育、财政厅或处以及秘书处。此外，陕甘宁边区政府设有建设厅、保安司令部、保安处和审计处；晋察冀边区政府设有实业处；山东省战时行政委员会设有工商管理和高级审判处以及公安局。各边区（省）政府于必要时还可增设专管机关。各根据地的县政府之下一般设有民政、财政、建设、粮食、教育、公安、司法、秘书等职能部门。

抗日民主政权各级行政机构采取集体领导与个人负责制相结合的领导体制。根据法律规定，凡属政府工作中的重大问题须由集体讨论，按照民主集中制原则，形成决议，各级行政机关的首长无权单独决定，也无权改变集体作出的决定；但政务的执行，则由行政首长个人负责，边区政府主席、各县县长和乡（村）长必须领导所属部门和人员认真贯彻执行各该政府委员会通过的决议。

在政务执行方面，为能集思广益，充分发挥集体的作用，有的边区各级行政机构设政务会议为执行政务的领导机关，其主要职责在于听取各行政部门的工作报告，讨论工作方针和具体计划，以便为行政首长提供参考。政务会议决定问题不实行少数服从多数的原则，而是由行政首长个人裁决。行政首长对会议的决议须承担个人责任，不能借口经过集体讨论而加以推卸。这就是个人负责制。很显然，它也是建立在民主基础之上的，融入了集体的因素，与苏维埃各级政府各部的首长负责制一脉相承。

 励精图治　"三三制"与精兵简政

1941 年，抗日根据地进入严重困难时期。为了战胜严重困难，巩固陕甘宁边区和各敌后抗日根据地，团结各阶级、阶层的人民，坚持抗战，争取胜利，中共中央采取了许多基本政策。"三三制"和"精兵简政"的政权原则就是在这样的背景下提出并加以实施的。

早在 1940 年 3 月 6 日，中共中央发出的关于抗日根据地政权问题的党内指示，第一次提出了"三三制"

政权建设原则。其主要内容是：在参议会和政府的人员分配上，共产党员占 1/3，代表无产阶级和贫农；非党进步人士占 1/3，代表广大的小资产阶级；中间分子占 1/3，代表开明士绅和中产阶级。为在各根据地贯彻"三三制"原则，中共中央和毛泽东反复强调建立"三三制"政权的三个基本观点：第一，共产党既然反对国民党在政权问题上的"一党专政"，当然也不主张共产党自己的"一党专政"，而主张各党、各派、各界、各军的"联合专政"。第二，任何个人，"只要不投降不反共"，都可以参加政府工作；同样，任何党派，"只要是不投降不反共的"，就允许其存在和活动。这就划清了参加抗日民族统一战线政权的最终界限。第三，"三三制"的人员配置，不仅在民意机关中要实行，而且在政府机关中也要实行。1940 年 12 月，毛泽东又在为中共中央起草的党内指示中重申，"不论政府机关和民意机关，均要吸引那些不积极反共的小资产阶级、民族资产阶级和开明绅士的代表参加；必须容许不反共的国民党员参加。在民意机关中也可以容许少数右派分子参加，切忌我党包办一切。我们只破坏买办大资产阶级和大地主阶级的专政，并不代之以共产党的一党专政"。

根据中共中央和毛泽东的指示精神，1941 年 5 月 1 日，《陕甘宁边区五一施政纲领》得以公布。此后，"三三制"在陕甘宁边区和敌后抗日根据地的参议会和政府机构的选举中逐步推行，并在抗战后期产生巨大的影响。具体表现是：第一，"三三制"政权的建立，协调了各抗日阶级、阶层之间的关系，调动了党各派、无党派和各界人士的积极性，从而巩固了抗日民族统一战线，壮大了抗日力量。"三三制"作为抗日民族统一战线政权的组织形式，赋予社会各阶级、阶层、党派及无党派人士以说话、办事的权利。党外人士，尤其是中间人士，一旦参加了政权机关的工作，就要说话、办事，而且必然要反映他们所代表的阶级、阶层的观点、意见和要求。由于利害关系的不同，必然会出现政策的分歧，以至争执，等等。这是正常的，有利的。因为它有助于共产党人了解实际，实行照顾各方面的政策，推行民主政治，从而达到团结全体人民，共同抗日，共同建设边区的目的。同时，从某种意义上说，党外人士说话、办事，比共产党一党说话、办事，更有说服力和号召意义。第二，"三三制"政权原则的贯彻，促进了全国抗日民主运动的发展，并把抗日根据地的政权建设推进到一个成熟阶段，为全国提供了榜样，为大后方人民和各民主党派争取民主、自由指明了方向。因此，可以说"三三制"原则是中国共产党在政权理论和政策方面的一个创造，也是以后在全国范围内实行新民主主义政治的一个试点，是工人阶级领导的以工农联盟为基础的新民主主义政权的雏形。

"精兵简政"原则是1941年11月在陕甘宁边区第二届参议会上，党外人士李鼎铭等提出的提案。这一提案击中了当时根据地机构庞杂、冗员充塞的时弊，因此在参议会上以绝对多数通过，并被中共中央采纳。

1941 年底，中共中央下达关于"精兵简政"的指示，将其作为政权组织的一条指导原则，在各根据地实行。

"精兵简政"的实行，减轻了各根据地人民的负担，有利于各根据地渡过难关。它使抗日民主政权基本实现了精简、统一、效能、节约和反对官僚主义的目的，同时还使各根据地政制进一步完善，政府工作制度逐步正规化，军政民关系更加密切，基层政权组织更富有战斗力。但是，从根本上讲，当时根据地的精兵简政是建立在小生产基础上的。而小生产的效率原则是"人多好办事，人多热气高，力量大"。因此，随着根据地困难的逐步克服，各根据地经济政治状况的不断好转，机构又开始增设，人员也开始膨胀，制度也就逐步废弛，统一也随之削弱，效率也因之降低，浪费也立刻抬头，尤其严重的是官僚主义又开始滋生蔓延。

3 反腐倡廉 生存与发展的力量

随着抗日民族统一战线和抗日民主政权的建立，中共中央便及时地、旗帜鲜明地提出了反腐倡廉的问题。1938 年 10 月，毛泽东在中共六届六中全会的政治报告中告诫全党："共产党员在政府工作中，应该是十分廉洁、不用私人、多做工作、少取报酬的模范。""共产党员无论何时何地都不应以个人利益放在第一位，而应以个人利益服从于民族的和人民群众的利益。因此，自私自利，消极怠工，贪污腐化，风头主义等等，是最可鄙的；而大公无私，积极努力，克己奉公，埋头苦干的精神，才是可尊敬的。"1941 年 7 月，中共中央在纪念建党 20 周年时，要求共产党员增强党性锻炼，个人利益服从全党利益，树立廉洁奉公、无私无畏、忠实朴素等作风。在此同时，毛泽东、刘少奇、陈云等革命家写出了许多著作和文章，反复阐明保持共产党纯洁，防止资产阶级思想腐蚀的重要性。中共中央和中央领导的警告和要求，在思想上武装了全党，提高了广大党员干部进行反腐蚀斗争的自觉性。在此同时，中共中央和各根据地的领导同志高瞻远瞩，洞察一切，率先垂范，以全心全意为人民服务的工作作风和艰苦创业的革命精神，为全党、全军和全国人民树立了光辉榜样。

为了有效地防止腐败现象的滋生和蔓延，陕甘宁边区和敌后各抗日根据地，大都结合本地实际制定了一系列的法规制度，作为反腐倡廉的重要保障。如陕甘宁边区政府先后颁布了《陕甘宁边区政府惩治贪污暂行条例》、《关于统一财政问题的通令》、《关于统一财政收入和消灭滥捐募现象的训令》、《陕甘宁边区施政纲领》、《政务人员公约》等。其中，1938 年 8 月，陕甘宁边区政府颁布的《惩治贪污暂行条例》，将贪污罪详细列举了 10 条表现，规定：贪污数目在 500 元以上者，处死刑或 5 年以上有期徒刑；贪污数目在 300元以上 500 元以下者，处 1 年以上 3 年以下有期徒刑；贪污数目在 100 元以下者，处 1 年以下有期徒刑或苦役。在此同时，1941 年 5 月颁布的《陕甘宁边区施政纲领》规定：抗日民主政府要厉行廉洁政治，严惩公务人员的贪污行为，禁止任何公务人员的假公济私行为，共产党员有犯法者从重治罪。同时实行以俸养廉的原则，保障一切公务人员及其家属必需的物质生活及充分的文化娱乐生活。1943年5月陕甘宁边区制定颁布的《政务人员公约》则规定了政务人员起码的行为规范：要在品行道德上成为模范，成为表率；要知法守法，不滥用职权，不假公济私，不徇私情，不贪污，不受贿，不赌博，不腐化，不堕落。其他各抗日根据地也大都以陕甘宁边区颁发的廉政法规为蓝本，制定颁布了有关廉政法规。陕甘宁边区和敌后抗日根据地廉政法规和制度的逐步建立和完善，使抗日根据地的廉政建设有章可循，有法可依，步入了良性循环的轨道。

为及时监督和防范政府工作人员的腐败行为，抗日根据地还建立了一套行之有效的监督监察机制，充分发挥民主监政的作用。其主要表现是：通过各级民选参议会对各级政府机关及司法机关、人民团体的全体工作人员行使监察权；鼓励人民批评监督政府，让人民享有充分的民主权和监督权；各级政府的领导成员、各级参议会的议员及各级法院的院长，都是按立法程序由选民或人民代表民主选举产生，他们行使人民赋予的权力，代表着人民的愿望和要求，向人民负责，并定期向人民报告工作，接受人民的审查；加强党和政府的自我监督和舆论监督；等等。

抗日根据地的廉政建设，使根据地内形成了廉洁、勤政、奉献、牺牲光荣，贪污浪费、夸夸其谈、投机钻营、苟且偷生可耻的良好社会氛围，在各阶层群众和海内外树立起廉洁、公正、勤勉的抗日民主政权形象，争取了中间势力，孤立了反共顽固势力。如各抗日根据地的一些开明士绅在对国民党和共产党进行对比后，作出了抉择。苏北抗日根据地的前清举人，著名士绅庞友兰就曾赞叹道："不怕不识货，只怕货比货。现敌、伪、韩（指韩德勤）、我四方面相比，以共军区域最能替人民谋幸福。"不仅如此，海外一些进步舆论也从公正立场出发，对抗日根据地的民主政权给予了中肯评价。如著名美国记者杰克·贝尔登在国统区、日伪区和华中、华北抗日根据地作过实地调查和考察后，告诉美国人民："在共产党地区，政府官员的生活是艰苦的，物质报酬是谈不上的。贪污勒索在中国久有传统，但在这里却没有什么机会。""中国共产党是靠唤起人民内心的希望、信任和爱戴，不是靠空谈大道理而赢得人民对他们事业的支持。"正因为如此，抗日民主政权才能在尖锐复杂的阶级斗争和民族斗争中，获得广大民众的衷心支持和拥护，才能获得生存和发展，以至日益巩固和强大起来。

新的探索　在战争中尝试法治

抗日民主政权是在极为恶劣的战争环境中建立起来的。在战争环境中，各抗日民主政府尊重民意，完善法制，尝试以法治政，并取得了显著成绩，从而使抗日民主政权的制宪和其他立法都比中华苏维埃共和国时期更加完备。但由于抗日根据地没有统一的中央政权，因此敌后各根据地的法制建设都是参照陕甘宁边区的法制建设模式进行的。

制宪工作是各根据地立法的一项中心工作。1939年4月和1941年5月，陕甘宁边区政府先后颁布了《陕甘宁边区抗战时期施政纲领》和《陕甘宁边区施政纲领》。敌后各根据地亦随后公布了类似的施政纲领，如《晋察冀边区目前施政纲领》（1941年8月13日）、《晋冀鲁豫边区政府施政纲领》（1941年9月1日）、《关于巩固和建设晋西北的施政纲领》（1942年10月19日）、《山东省战时施政纲领》（1944年2月28日）及《淮北行署施政纲领》（1942年10月）、《豫鄂边区施政纲领》（1942年3月）等。这些施政纲领，都是以反对日本帝国主义，保护抗日的人民，调节工人、农民、小资产阶级、民族资产阶级以及开明士绅等一切抗日阶层的利益，改善工农基本群众的生活，镇压汉奸和反动派为基本出发点，它在各根据地具有临时宪法的性质。

抗日战争时期，各抗日根据地都制定了专门保障人权的法律，这是中国共产党在法制建设中的一个重大决策。当时几乎所有的根据地都制定了保障人权的条例。如华北抗日根据地的《山东省人权保障条例》（1940年11月11日）、《冀鲁豫边区保障人民权利暂行条例》（1941年11月23日）、《陕甘宁边区保障人权财权条例》（1942年2月）、《晋西北保障人权条例》；华中抗日根据地则有《淮北苏皖边区保障人权、财产权及保护工商业条例》（1941年12月）、《盐阜区保障人权暂行条例》、《修正淮海区人权保障条例》（1942 年 6 月）、《苏中区人权财权保障条例》等。这些人权保障法律的共同特点，就是突出保障人民的各种自由权，特别是人身自由权，这就从根本上保证了敌后各抗日民主根据地和陕甘宁边区民主政治的建设。上述各种保障人权的条例，规定了各种保障人权的措施，如司法机关或公安机关捕人要有充分证据，依法按手续执行；机关、团体、部队和个人都有依法逮捕现行犯之权，但必须在 24 小时内将证据和犯人移送公安或检察机关；区、镇、乡、村政府有调节权和惩戒权；司法机关应重证据；尊重犯人人格，保护犯人法律地位；从抗战的具体条件出发，保护地主、富农的公民权。很多人权条例还规定公务人员违反人权保障条例，应从严治罪。

此外，各根据地为加强政权建设，还先后颁布了各级参议会和各级政府的政权组织法规、政府行政法规、选举法规、减租减息条例、婚姻条例、惩治汉奸条例等一系列法规条例，从而使根据地的法制得到进一步完善和稳定。在上述颁布的各种法规中，各抗日根据地的行政法规数量较多，牵涉到行政管理的各方面，如军事行政管理法规、民政法规、治安管理法规、经济管理法规、文教卫生法规等。

抗日根据地的法制以保障抗日人民的根本利益为出发点，它来自人民，又是为人民服务的工具。因此，抗日民主政府在确定政治、经济、文化教育的各种制度和具体政策中，大都能以法治为依据，不违背各根据地的施政纲领和其他单行法规，同时还要求政府工作人员知法守法，接受各级参议会和人民的监督，同违背法制的行为和现象作斗争。

为了维护法律的尊严，实行法治，抗日民主政权在继承和发展苏维埃政权的司法制度的同时，还重视逐步健全司法组织体制，完善司法法制，不断改善和加强司法工作，积累了不少好的司法工作经验。著名的"马锡五审判方式"就是在1943年创造出来的。

抗战时期，抗日民主政权颁布了大量的法规，建立了司法制度，其执法的显著特点：一是在法律面前人人平等，不论职位高低，贫富贵贱，只要触犯法律，就要受到相应的制裁；二是党员干部和执法人员违法犯罪时，从严从重处罚。此类事例俯拾即是，如：

1937年8月，陕甘宁边区的盐池县县长对两次贪污赌博案的罚款，共159元，边区政府发现后，立即予以撤职处分。

1937年10月5日，抗大第十五大队队长，经过长征，功勋卓著的红军高级干部黄克功，向陕北公学女学生刘茜逼婚未遂开枪将其打死。边区高等法院认为，黄克功虽为革命立过显赫战功，但在民族危难之际，以最残忍的手段，枪杀革命同胞，违犯军纪和法规，应判处死刑。黄克功遂写信给毛泽东，希望能戴罪立功，牺牲在抗日战场。毛泽东在致边区高等法院院长、黄克功案件的审判长雷经天的信中严肃指出："正因为黄克功不同于一个普通人，正因为他是一个多年的共产党员，是一个多年的红军，所以不能不这样办。共产党与红军，对于自己的党员与红军成员不能不执行比较一般平民更加严格的纪律。"随后，黄克功带着悔恨的泪走上刑场，被依法枪决。

1941 年 8 月，陕甘宁边区又发生一件重要案件，谢觉哉亲自承办此案，并决心对此案涉及的一位重要人物依法办事，判处徒刑。但有人以权势向谢老说情，要他改变主张。谢觉哉秉公执法，并将自己的意见报告了毛泽东。毛泽东支持谢老的依法办事主张，并于 9 月 7 日亲笔写信给谢老说："此等原则立场，我们绝不能放松，不管犯错误是何等样的好朋友，好同志。"谢觉哉看信后，更坚定了自己的主张，主持司法机关判了那个要员的刑。

此外，在华中抗日根据地，仅苏中三分区 1942 年 6 月至 7 月的 2 个月中就有 4 个干部由于贪污被依法判处死刑，执行枪决。苏中税务局第四分局主任邢爱身贪污 4000 元、师特务营营长李桂成贪污 1000 元，结果均依法判处死刑，执行枪决。淮北苏皖边区还明确规定："受贿的人要受罚，行贿的人要罚款，1 倍罚 10 倍，罚过还要依法处罚。"

总之，中国共产党的大批干部在抗日根据地的政权和法制建设中，逐步学会了治国安民的艺术，并为解放战争时期和新中国成立后的人民民主政权建设积累了丰富的经验，锻炼了自己的才干。

六 抗日战争时期根据地的 经济与文化

 顾全大局 实施减租减息政策

抗日战争爆发前，各革命根据地实行的是没收地主阶级土地分配给农民的土地革命政策。抗日战争开始后，中国共产党为了联合各阶级、各阶层一致抗日，1937 年 8 月中共中央洛川会议提出停止没收地主土地的政策，坚决执行抗日民族统一战线的纲领。在各根据地实行减租减息这一政策的转变，是为推动国民党参加抗日，减少抗日的阻力；是中国共产党正确应用马克思列宁主义来处理民族斗争和阶级斗争关系的一个光辉典范。

减租减息的具体办法，在地租方面，一般实行"二五"减租。不论公地私地、佃种地等，也不论是钱租制、物租制、活租制和死租制（又称铁板租），一律照战前租额减低 25％，如群众要多减时，也可以根据情况三七或四六减。在游击区及敌占区附近，则可以比二五减租少减一点，或 20％，或 15％，但总原则要以能调动农民群众抗日积极性及团结各阶层抗日为目的。在减息方面，总原则亦是要以能发动农民群众抗日积极性及团结各阶层抗日为目的，但不要减到超过社会经济借贷关系许可的程度，过去的借贷，在实行减息时都以年息一分半为计算标准，如付息已超过原借本钱一倍者，停利还本，如超过两倍者，本利皆停。

减租减息政策的实施并不是一帆风顺的，而是经过了一场激烈的阶级斗争。这一政策虽只是削弱封建剥削，不是消灭封建制度，但地主阶级出于阶级本性，对这一政策，阳奉阴违，采取各种手段来反抗和破坏这一政策的实施。某些地主和高利贷者，则企图用自耕、出卖、分家等手段来威胁农民，或将租额提高，达到明减暗不减的目的。有些地富分子，甚至趁机篡夺民主政权，用各种隐蔽方式来破坏和抗拒这一运动。中国共产党和抗日民主政府及时发动群众对地富阶级的各种反抗、破坏进行了坚决斗争，所以减租减息政策从1937年8月正式提出，到1942年才在各抗日根据地普遍实行。

1942年1月，中共中央总结了前几年减租减息运动的经验，颁布了《关于抗日根据地土地政策的决定》，规定了深入贯彻减租减息的政策、路线和实施办法，更广泛地发动农民群众进一步开展减租减息运动，从而使广大农民通过这一运动得到实惠。

在开展减租减息运动中，中国共产党和抗日民主政府还掀起了查减运动和清理旧债、抽回地契运动，即把抗战前抵押死的土地，或被地主、高利贷者巧取豪夺的土地，按年息1分计算，重新订立新约，把土地抽回还交原主，使农民重新得到了土地，如晋察冀4个区抽回土地64900余亩，这些土地都回到农民手中。

减租减息政策的实行，一方面打击了封建剥削制度，提高了农民的政治经济地位，调动了广大农民的革命和生产的积极性，同时也承认了地主阶级的大多数（汉奸地主除外）有抗日的要求，给予他们一定的经济地位，以促进抗日民族统一战线的建立和发展；另一方面，根据中国社会状况承认资本主义生产方式的进步作用，鼓励地主富农的资本主义经营方式，承认地主富农有抗日民主的要求，以换取全民族所需要的和平、民主与抗战。

 众擎易举　大生产运动结硕果

抗战初期，陕甘宁边区和八路军、新四军的财政开支，相当一部分是国民政府颁发的军饷和华侨、国际友人的捐赠。1938年10月，抗日战争进入相持阶段后，由于日军作战逐步转向敌后战场和国民党实行消极抗日、积极反共政策，陕甘宁边区和敌后各抗日根据地在财政经济上日益困难。因此，如何突破敌人的封锁，克服经济上的困难，以巩固抗日根据地，就显得更加重要和迫切。而在根据地，农业人口占90%以上，人民生活的需要，战争的供给，主要依靠农业，当时的困难如不解决，不仅影响军事上的需要，而且影响工农联盟和根据地的稳固，因此党和政府把恢复和发展农业生产作为经济建设的主要任务。

1939年2月，中共中央在延安召开生产动员大会。毛泽东在会上发出"自己动手，自力更生，艰苦奋斗，克服困难"的号召。此后，各根据地党和民主政府，在实行减租减息的同时，为发展农业生产，克服农村劳动力和农具缺乏等困难，大力组织农民群众走互助合作的道路。变工队、换工队、互助组等劳动互助组织相继出现，一个农业生产互助合作运动迅速开展起来。这些农业互助合作组织还是一种低级的形式，但它具有提高劳动生产率、节约劳动力、合理利用土地畜力等优越性。除大量初级形式的组织外，个别地区还出现了半社会主义性质的农业生产合作社，如在陕甘宁边区的安塞县出现了"按工入股，集体分粮，土地归公有，成果按劳分配"的社会主义性质的开荒队。

1941年，针对当时面临的困难局面，为了减轻人民负担，保障抗日战争的胜利，毛泽东又明确提出了"发展经济，保障供给"的经济建设方针。随后各根据地军民开展了轰轰烈烈的大生产运动。

大生产运动是各抗日根据地全体军民参加的，包括公私农业、工业、手工业、运输业、畜牧业和商业，但以农业生产为主的生产自救运动。因此，各根据地除继续大力发展农村互助合作运动以发展农业生产外，同时在军队、机关、学校等部门大力开展了从事工农业生产、发展公营经济的大生产运动。

大生产运动首先在陕甘宁边区展开。边区政府采取了一系列有效措施，鼓励生产，要求在原有基础上扩大耕地面积，提高粮食产量，并号召种植经济作物，特别是纺织原料。1941年初，中共中央下令八路军第一二〇师第三五九旅开赴南泥湾实行屯垦。3月，第三五九旅在旅长王震率领下陆续开进南泥湾。南泥湾荆棘丛生，杂草遍地，野兽出没，荒无人烟，但土质肥沃，适于开垦。这支部队在缺乏资金、工具的极端困难情况下，发扬自力更生、艰苦奋斗的精神，人人动手，开荒种地。经过不长时间的努力，就使"处处是荒山"的南泥湾，变成了陕北好江南。与此同时，在延安的党政军民学各方面数万人也都投入大生产运动。部队、机关、学校根据不同情况，担负不同的生产任务。毛泽东、朱德、周恩来等党政军负责人，也都带头参加生产劳动，亲手开荒、种菜、纺线。周恩来、任弼时等高级领导人还参加过中共中央直属机关纺线比赛，被评为"纺线能手"。

陕甘宁边区的大生产运动取得了丰硕的成果，它不但有力地克服了严重的物质困难，人民生活也得到明显改善，基本实现了丰衣足食。驻陕甘宁边区的部队，也大多实现了粮食、被服和其他日用品的全部自给自足。由于军民努力生产，收入增加，人民的负担也大大减轻了。

除陕甘宁边区外，晋察冀、晋冀鲁豫、晋绥、山东、华中等敌后抗日根据地军民，也在"劳动与武力结合"、"战斗与生产结合"的口号下，一面战斗，一面生产，甚至游击区的部队也坚持生产。在十分艰苦的环境中，各根据地创造了开展大生产运动的多种形式。如人民政府发放农贷（包括贷款、贷粮、贷种子），支援牲畜，代制农具，帮助群众发展生产，派出小股部队，打击敌人，掩护军民生产；农忙时节，部队大力支援农民抢收抢种；开垦荒地，兴修水利，并取得显著成绩。如晋冀鲁豫根据地的部队，1943年每人种地3亩，自给一季粮食。晋绥边区，1944年部队开荒达166000亩，收粮20000石，机关开荒32000亩。新四军直属部队1944年能自给8个月蔬菜，10个月的食盐与全年肉食。大生产运动在环境十分恶劣的游击区也收到了效果，使部队给养有很大改善。

大生产运动不仅推动了解放区生产事业的全面发展，减轻了人民负担，改善了军民生活，而且还改善了官兵关系，增加了官兵的劳动观念和组织性，培养了我党我军艰苦奋斗、自力更生、克服困难的优良作风，进一步密切了军民鱼水关系，创造了中国历史上从来未有的奇迹，为抗日战争的最后胜利奠定了物质基础。

③ 公私兼顾　工商业的恢复发展

在大力开展互助合作和军民大生产运动的同时，抗日根据地加快恢复和发展工商业。

各抗日民主政府针对抗日根据地工商业落后的特点，在"发展经济，保障供给"的方针指引下，制定了发展工商业的一系列政策。一方面在适当地改善工人生活的情况下，也给资本主义经济一个发展的条件；另一方面在大力发展国营经济和合作社经济的同时，也使私营经济同时发展。

抗日根据地工业发展大体上分为 3 个阶段，1937～1939 年在"自己动手，自力更生"的方针指引下，是工业发展的初级阶段；1940～1941 年中共中央又提出"为争取工业品的半自给而奋斗"、"由半自给过渡到全自给"的口号，是工业进一步发展阶段；1942 年后又提出了"巩固现有公营工厂，发展农村手工业"的方针，根据地工业进入了巩固提高阶段。

抗日根据地的国营工业，通过这几个阶段的发展，迅速恢复发展起来。其中，陕甘宁边区是抗日根据地经济的中心，工业发展最快。该区原来工业基础极其薄弱，民间仅有少数小手工作坊，家庭纺织业亦不发达。抗日战争爆发后，陕甘宁边区实行"欢迎资本家到边区来投资，奖励工商业扩展边区经济，增强抗日力量"的政策。1939 年 1 月边区第一届参议会通过了《发展国防经济建设案》，提出发展工业，供给抗战需要，奖励人民投资开办纺织、硝皮、煤炭、打盐、造币、榨油等小规模的手工业工厂。政府有计划地充实扩大现有之煤油、造纸、煤炭、纺织、硝皮等工厂，开办建立农具、植物、灯油等工厂，开发三边之盐矿、关中之铁矿，以供军事之需要。因此，陕甘宁边区工业迅速发展，到 1943 年边区就建起了 23 家公营纺织

厂，产量比 1938 年增加了 274.6%；公营造纸厂 11
家，产量比 1940 年增加了 552.2%。另有肥皂厂 2 家、
陶瓷厂 3 家、石油厂 1 家、火柴厂 1 家、制药厂 1 家、
制革厂 2 家、被服厂 12 家、炼铁厂 2 家、工具厂 8 家、
印刷厂 4 家、木工厂 7 家。此外，为了促进边区合作
社工业和私营工业的发展，党和政府对合作社经济和
私营经济从技术上、资金上、原料上、税收上都给予
一定扶持。1942 年边区的纺织、榨油、瓷器等各种生
产合作社已达 50 个，其中纺织合作社 27 个，能生产
布匹、线毯、毛巾、袜子等。1944 年，各种合作社已
增至 233 个。私营织布业到 1943 年则已拥有 18167 架
织机。

其他抗日根据地，工业也有迅速发展。晋绥边区，
到 1945 年有公营纺织厂 6 家，出布 54600 匹；私人改
良织布机 3551 架、木机 13745 架，出布 1072913 匹。
有民窑 431 家，产煤 849081 斤。炼铁业也有发展，
1945 年年产生铁 2464000 斤，年产熟铁 250000 斤。晋
冀鲁豫边区，1944 年太行区私人织布达 130 万～200
万匹，1945 年山东区有公营工厂 88 家，私人纺车 100
万架，织机 15 万架，产布 180 万匹。大部分抗日根据
地军民所需布匹能全部自给。

抗日根据地工业生产的发展，与日伪统治区和国
民党统治区工业生产萎缩的状况形成鲜明的对比，反
映了新民主主义经济的强大生命力，大大巩固了抗日
根据地，并给抗日战争的胜利提供了物质基础。

在加速发展根据地工业的同时，根据地的商业也

面临着反对日伪顽的经济封锁，打击套购物资和走私非法活动，以及稳定物价、促进内部物资交流的重大任务。

日伪顽为从经济上窒息根据地，它一方面严禁工业品原料和物资进入各根据地；另一方面又成立各种经济特务组织，派遣经济特务人员潜入根据地套购物资和法币进行经济榨取，破坏根据地经济事业。根据这种情况，各根据地采取的贸易政策是：对内自由，对外统制。

在区内贸易方面，各根据地采取发展国营、合作社商业，保护私营商业，限制商业资本的过分剥削，进行自由贸易，以活跃市场，繁荣商业。各根据地根据上述贸易政策，在利用各种庙会、交流会，组织物资交流外，还专门设立物品交易所，调剂商品流通，组织商品生产。如陕甘宁边区贸易局，1935 年只有 5 个支局，到了 1942 年土产公司就有 8 个，盐业公司则有 123 个骡马店。这些机构是属于社会主义性质的商业事业，它在调剂物资，控制市场价格，打击敌人破坏活动中起了很大作用。在此同时，合作社商业和私营商业也得到相应发展。

在对外贸易方面，由于根据地处于山区、农村，以自然经济为主，没有城市和近代工业基础，需要工业品和一些原料，敌占区占有城市和经济发达地区，需要农副产品，因此，敌我双方为了既满足自己需要，又不使对方贸易目的达到，便开展了激烈的贸易斗争。

当时各根据地实行的对外贸易政策是对外统制，

即禁止日货任意输入，对抗战有利的物品，如军用品、交通工具、医药品、印刷机械、电池等则允许尽量输入，对抗战无关紧要的，尤其是消费品则限制输入。与此相反，日本方面则尽量将奢侈品输入根据地，以吸收根据地的物资。如据冀南联办实业厅调查，太行和太岳地区开始时外货入口，每年毛巾约100万元，香皂约100万元，火柴约200万元，煤油约450万元，共约850万元。敌人对根据地加强封锁后，主要日用品几乎全部断绝，农产品输出为敌操纵，物资被劫掠，冀钞对伪钞的比值下降，物价上涨，给根据地造成了经济上的困难。

针对上述情况，各根据地先后成立了贸易机构，对外领导经济斗争，对内扶助全面经济建设，兼管工商税收、专卖等工作。

贸易管理机关的对外贸易统制主要采取以下几种形式：第一，由公营商店负责专买专卖，禁止私人输出输入。输出专卖有时是为了保护物资，限制输出数量，如粮食、棉花的专卖；有时是为了奖励生产，争取有利价格，如食盐、生油的专卖。同时，亦可借以吸收外汇，支持货币斗争；或者吸收重要物资，保障必需品供给。第二，限制输出输入，如限定若干特许的商号经营输出输入，限定输出输入的数量，或者附加一定的条件，例如登记外汇（换回法币伪钞），交换指定物资以及按规定价格输出输入。如晋察冀边区设立的裕民公司，在各县及各输出入交通关卡设有分公司，一切私人输出入事务，均需托裕民公司代办。这种统制虽然不如专买专卖那样严密，但能利用私营商号，易于实施。第三，用提高或抑低税率办法来调节输出入的数量，利用这种经济杠杆达到统制的目的。

各根据地在对外贸易中，还在边缘区和游击区，通过建立两面政权，教育群众，联系商人，使他们在经济贸易中倾向于根据地，成为根据地与敌占区贸易的中介。各根据地特别重视对这些地区集市的控制，以吸引、破坏敌人控制的市场，使其成为有利于根据地的贸易场所。

在正确的商业贸易政策指导下，抗日根据地的各类商业事业都得到很大发展，它对稳定抗日根据地的物价、活跃市场、打击走私、反对封锁、刺激生产、安定民众生活等方面起了很大作用。而对敌贸易战的成就，使日军亦不得不哀叹："经济封锁政策反而产生了使我方苦恼的情形，在本来要成为铁壁一般的封锁线上出现了很多漏洞。"

 克敌制胜　完善财政金融体制

抗日根据地的财政金融事业，继续发挥了苏维埃时期的优良传统，其财政方针既不同于国民党统治区的那种"竭泽而渔"的办法，也不是单纯在缩减财政开支上打圈子，而是执行了以发展国民经济来增加财政收入的总方针。因此，各抗日根据地民主政府以主要精力帮助农民增加生产，发展经济，然后再从农民那里取得税收。

抗日根据地的财政收入，主要来源于农业税和工商业税。

为了贯彻"取之于民，用之得当"的税收原则，各抗日根据地首先对根据地旧的税收政策进行了改革，取消了国民党遗留下来的一切苛捐杂税，同时根据合理负担的精神制定了一些新的税收办法，以应急需。如各根据地都制定过《救国公粮条例》、《合理负担办法》和《公平负担办法》等征收农业税的办法和条例，规定起征点，采用累进制。但亦有些根据地采取其他办法，如晋察冀边区和陕甘宁边区采取过按占有的土地面积加征田赋，晋绥边区则实行对地租收入、自耕农收入和佃耕收入课以不同的税率。但到1941年以后，各抗日根据地都先后实行了统一累进税制。1943年陕甘宁边区颁布《农业统一累进税试行条例》后，农业统一累进税制就在各根据地全面推行。统一累进税制，以常年产量为计算标准，超产不纳税，鼓励超产，增加收入，以提高农民生产积极性。

根据地的财政收入以农业税为主，约占总收入的90%以上。农业税一般约占产量的10%以下，1940年以后，由于根据地受到日伪的严密封锁，财政十分困难，税收略有增加，突破了10%，达到13%，农民负担较重。随着大生产运动在抗日根据地的广泛开展，各根据地的财政状况有了好转，农业税的税率亦随之降低，农民负担亦减轻。

工商业税，当时主要包括出入口货物税、酒税、烟税、工商营业税等。工商业税在抗日根据地财政总收入中所占比重不大，一般只占 1%～5%，其征收办法都是以调节生产、鼓励增产和促进商品流通为原则。如陕甘宁边区，为了保护境内棉纺织业的发展，1944年将棉花与棉纱进口税减到 1% 和 2%。为了抵制布匹的进口，将进口税率提高到 10%。为了满足生铁和制造武器的需要，对铁的进口予以免税。1944 年，边区可以自行炼铁时，为了保护炼铁业，又将铁进口税提到 50%。

由于抗日根据地的财政政策是"发展经济，保障供给"，"取之于民，用之于民"，因而财政支出主要是用于经济建设和抗战军需。对于行政费用开支则极力缩减，尽力抽出资金来发展经济。如陕甘宁边区，1942 年的财政支出中，94% 是用于投资工农业生产和供给抗战军需。

抗日根据地在健全完善财政制度的同时，也健全完善了金融制度。

抗战时期，日本帝国主义利用其傀儡政府滥发伪币。国民党政府也采取了通货膨胀的政策。这不仅使持有法币和伪币的根据地人民遭受货币贬值的极大损失，吸收走了根据地的各种宝贵物资，而且由此引起的物价飞涨、市场混乱、生产停滞，又使人民生活失去保障。因此，各根据地民主政府为着保护人民财富免受日伪和国民党政府利用法币和滥发伪币进行的掠夺，发展根据地的经济，先后都建立了自己的银行，自己发行货币，驱除伪币和法币，建立起独立自主的新货币制度。

当时各抗日根据地建立的银行，除陕甘宁边区银行是由原中华苏维埃共和国国家银行西北分行改组的而外，其他各根据地的银行，都是随着各敌后抗日根据地的发展而建立和扩大的。这些银行主要有：1937年建立的陕甘宁边区银行，1938年3月建立的晋察冀边区银行，1939年10月建立的冀南银行，1938年8月山东根据地建立的北海银行，1940年5月晋绥边区建立的西北农民银行，华中各抗日根据地建立的江淮、盐阜、淮海、大江、淮南等银行及1945年8月建立的华中银行等。

抗日根据地银行的基本任务是发行货币，与日伪和国民党政府广泛地开展货币战、贸易战，严禁伪钞入境，停止法币使用，活跃经济，发展生产，粉碎日伪和国民党政府在根据地抢购物资、收买金银财富、破坏金融事业的阴谋活动。抗日战争时期，各根据地银行基本完成了这个任务，为争取抗战胜利和各抗日根据地的巩固发展作出了贡献。

 铲除愚昧　文教事业艰难拓展

抗日根据地的文化教育建设，是按照新民主主义文化方针进行的，其中心是提高和普及人民大众的抗日知识技能和民族自尊心。

报刊书籍的出版是抗日根据地文化教育建设的重要一环，也是根据地军民汲取知识，了解中国共产党的方针政策和国际国内抗战形势，揭露国民党顽固派制造反共摩擦事件的真相，粉碎日伪奴化宣传和教育，提高根据地军民政治文化水平的重要阵地。

抗战初期，在陕甘宁边区出版的报刊除有《新中华报》（1941 年 5 月 16 日起改为《解放日报》）及《解放》外，还有《八路军军政杂志》、《团结》、《中国文化》、《祖国呼声》、《中国工人》、《中国青年》、《中国妇女》等较有影响的报刊。敌后各抗日根据地创建之后，也大都出版了各种报刊，其中较有影响的报刊有：晋察冀边区的《抗敌报》、《边政导报》、《冀中导报》、《抗敌》、《挺进报》、《救国报》、《晋察冀日报》及《战线》、《边区建设》与《新长城》月刊等；晋冀鲁豫边区的《新华日报》（华北版）、《黄河日报》、《人民报》、《冀南日报》、《胜利报》、《太岳日报》、《卫河日报》、《鲁西日报》及《抗战生活》杂志等；晋绥边区的《战动通讯》、《西北战线》、《老百姓》周报及《总动员》、《战动周刊》等；山东抗日根据地的《大众日报》、《胶东大众报》、《群众报》和《大众》半月刊、《战地妇女》、《山东群众》等；华中抗日根据地的《江淮日报》、《拂晓报》、《抗敌》、《盐阜大众》、《江南》杂志及"江淮系列报刊"、"拂晓系列报刊"等。

敌后抗日根据地的各类报刊据不完全统计有近 480 种。这些报纸杂志，在极为恶劣的战争环境中创办，困难重重，具有鲜明的战时特征，很多文化出版战士为坚守文化出版岗位，为保护来之不易的印刷出版物资，甚至献出了自己宝贵的生命。

上述各种报刊的出版特色和侧重点及质量尽管有很大的差异，但它们却有着共同的特点，即努力反映现实，反映当地社会情况与工作情况，反映大众呼声，具有鲜明的政治性、党性、战斗性和群众性，重视文字的口语化、大众化和通俗化，反对空谈、夸大、铺张、虚伪、不实事求是的作风。

除报刊外，陕甘宁边区和敌后各抗日根据地还依托报社，因陋就简地创办了许多出版社和书店，建立了富有特色的发行网络，出版和发行了许多马克思列宁主义的经典著作、各类教材等书。尤其是毛泽东的著作，各地都曾及时地大量地印刷和发行，因而使毛泽东思想能够迅速地传播到各根据地，指导着抗日根据地各项建设事业的进行。

随着报刊书籍的出版，各抗日根据地的抗战文艺事业也获得较大发展。各根据地的广大文艺工作者，在毛泽东《在延安文艺座谈会上的讲话》精神指引下面向工农兵群众，在极其艰苦的战斗环境中，克服重重困难，创作了大批反映战争现实，歌颂各根据地建设，揭露敌人罪行的诗歌、报告文学、小说、音乐、戏剧、舞蹈和各种类型的绘画作品，在抗日根据地掀起了群众性的文艺运动高潮。

抗日根据地的教育工作，是随着抗日根据地的创建发展而逐步开展起来的。抗战时期，在中共中央的直接领导下，陕甘宁边区先后创办了抗日军政大学、陕北公学、鲁迅艺术学院、中共中央党校、中国女子大学、军事研究院、马列学院（后一度改为中央研究院）、自然科学院、行政学院、中国医科大学、泽东青年干部学校、延安民族学院 、日本工农学校、延安大学、陕甘宁边区师范学校、边区农业学校、新文字干部学校、边区职业学校、警政学校、边区医药学校、鲁迅师范学校、纺织学校等 20 余所干部学校。尽管这些干部学校还不完善，但在初创时期，它们及时为中国共产党培养出一批批德才兼备的抗日人才。各敌后抗日根据地也大都根据抗战形势的需要，先后创办了各类干部学校。这些学校也都继承了红色区域革命教育的优良传统，创造性地、模范地实施了抗日民主教育。如晋察冀边区就曾开办过较有影响的华北联合大学（简称"联大"）、边区中学、白求恩卫生学校、边区蒙藏学校、军政干部学校、抗战建国学院等。这类在抗战洪流中成长的新型学校，是新教育的方向，为新中国的教育事业积累了丰富的经验，为抗日战争培养了一大批优秀的干部。

除干部教育外，各根据地还大力推行群众教育。

群众教育，包括为扫盲而开办的冬学民校所进行的成人教育和对儿童的小学教育两个方面。前者在于提高他们的爱国意识和政治文化水平，后者以民族精神教育后代，使儿童学习到抗战建国所必需的知识和技能。

当时各根据地的群众教育任务极为繁重。由于当时抗日根据地大多处于几省交界的山区，交通不便，经济落后，文化教育也极不发达，许多地区没有或只有很少的学校。一些偏僻的山村，甚至几十个村庄都没有一个人识字，写封信也要跑到一二十里外去求人。因此，为动员群众夺取抗战的胜利，各根据地都把扫除农民中，特别是青壮年中的文盲作为教育工作中的一项重要任务。而开办冬学、民校，对广大群众进行政治和识字教育，则成为完成上项任务所采用的主要形式。冬学运动大多由各地党委的宣传部，政府的文教部和人武部，及工、农、青、妇等群众团体共同组成的冬学运动委员会领导；冬学的内容，则根据群众需要来确定，群众迫切需要什么就教什么，其特点是学用一致。

除成人教育外，各根据地的小学教育发展也较迅速。如陕甘宁边区1936年只有小学120所，学生不足500人；到1940年时，该区小学已达1341所，学生达43625人。根据晋察冀边区48个县的统计，1940年有小学7697所，学生469400人，比1938年增加小学2799所，增加学生248900人。

应当特别指出的是，当时各根据地办学的物质条件是十分困难的，不管是干部学校，还是小学及民校、冬学，不仅缺少必要的校舍、教材，甚至连必备的纸笔都是异常缺乏的。在这种情况下，庙宇、祠堂以至露天广场都被当作了天然的课堂；木板、石块代替了桌椅；树枝和土地便成了取之不尽、用之不竭的纸笔。抗日根据地的教育事业就是在这样的艰苦条件下，沿着新民主主义方向，艰难地向前发展，为提高根据地军民的军政素质和文化水平，争取抗日战争的胜利起了巨大的作用。

七 解放战争时期解放区的建立与发展

战略收缩 内战前后解放区

1945 年 8 月，中国人民经过 8 年的浴血苦战，终于迎来了抗日战争的伟大胜利。人们都在庆幸：苦难总算熬到了头，和平可以实现了，中国终于有了希望。然而，战后中国局势的发展却令人失望。人们脸上欢庆胜利的泪水尚未擦干，天空又出现了内战阴云。

在日本发出乞降照会的第二天，蒋介石竟然命令日伪军负责维持地方治安，不得向中共武装投降，由国民党军垄断受降大权。这自然不会被解放区人民接受。

毛泽东和朱德，一方面致电蒋介石，表明中国共产党的严正立场和态度，号召各解放区军民对日伪军开展全面反攻，扩大解放区，缩小沦陷区，积极收缴日伪武装；另一方面要求解放区军民在对日伪军反攻的同时，提高警惕，充分作好自卫的准备，以粉碎国民党顽固派可能发动的进攻。

　　正当人们为中国的前途和命运担扰的时候，无线电波突然传来一个令人欣慰的消息：一直视中共为心腹大患的蒋介石邀请毛泽东赴渝商讨和平建国大计。对此，毛泽东心系天下之安危，为和平毅然飞抵重庆，以实际行动击破了国民党先前散布的中共不要和平的谣言。

　　1945 年 8 月 29 日，国共双方开始了正式商谈。由于谈判前国民党毫无准备，谈判开始后国民党没有拿出具体谈判方案来。中共则提出了"和平建国的基本方针"，主张坚决避免内战和实行政治民主化，结束国民党的"训政"，召开政治协商会议，实行地方自治，承认各党派平等合法，保障人民的自由权利，改革和裁减全国军队，严惩汉奸，解散伪军，承认人民军队和解放区民主政权的合法地位等。但是，谈判中，蒋介石企图在"统一军令"、"统一政令"的借口下，要中共交出军队和解放区。

　　谈判几度陷入僵局。为促使谈判早日达成协议，毛泽东决定将分布在广东、浙江、海南、苏南、皖南、皖中、湖南、湖北和河南等地的 8 块解放区让给国民党。此举彻底粉碎了国民党散布的"共产党只要地盘，争枪杆子，不肯让步"等谣言，使中共在政治上更为有利。

　　在中国共产党的努力和全国人民的强烈要求下，1945 年 10 月 10 日，国共双方正式签署了《国共双方会谈纪要》，亦即著名的《双十协定》。在这个协定中，国民党被迫承认了和平建国方针，同意坚决避免内战，承认各党派平等合法地位和人民的某些权利，确定召开由各党各派参加的政治协商会议共商国是等。但是，关于解放区和解放区的民主政权问题，国民党坚持不肯承认。为此，周恩来、王若飞等在毛泽东返回延安后，继续同国民党谈判，但最终未能就此两项问题达成协议。

在进行重庆谈判的同时，中共中央为作好自卫战争的准备，还从组织上调整和建立了各大区的党的机构。8月，撤销了中共中央北方局，成立了以邓小平为书记，薄一波为副书记的晋冀鲁豫中央局；组成了以聂荣臻为书记，刘澜涛、罗瑞卿、黄敬为副书记的晋察冀中央局；9月，将中共中央华中局和山东局合并，组成以饶漱石为书记，陈毅为副书记的华东中央局。同时决定由彭真、陈云、程子华、伍修权、林枫组成东北中央局；10月，又成立了以郑位三为书记，李先念为副书记的中原中央局。对各战略区的部队，中共中央也根据当时的形势，进行调整和整编，使各解放区基本形成野战军、地方军、民兵三结合的武装力量体制，从组织上完成了由分散兵力打游击战为主，到集中兵力打运动战为主的战略转变。在此同时，中共中央还发出通知，告诫各解放区军民不要寄希望于国民党发善心，对于国民党的挑衅和进攻，要站在自卫立场上坚决彻底干净全部消灭之。

根据中共中央的指示，各解放区军民严阵以待。到1945年底，解放区军民对国民党军队的进攻予以坚决反击，先后取得了上党战役、邯郸战役、绥远战役、津浦路战役等战役的胜利，迫使蒋介石同意召开政治协商会议，接受中国共产党无条件停战的建议。1946年1月，国共双方达成"停止国内军事冲突"的协议，同时召开了政治协商会议，通过了有利于人民的五项协议。但内战隐患依然存在。

为制止内战，保卫和平，粉碎敌人进攻，争取战争胜利，中共中央多次发出指示，要求各解放区将练兵、减租和生产作为克服困难，援助战争，争取胜利的中心工作来抓。这样，1946年上半年，各解放区开展起了轰轰烈烈的练兵、生产和减租运动及反奸清算斗争。

练兵运动是和进行自卫战争准备联系在一起的。为了准备自卫战争，1946年上半年，各解放区主要做了以下几项工作：①用在对日伪军大反攻中收缴的大量武器装备部队，整编与扩大人民武装，编组野战部队，扩大民兵组织；②对野战军、地方军和民兵，普遍进行战斗训练，以提高军事技术和战术水平；③加强军队政治工作，提高干部战士战胜敌人，保卫解放区的决心和信心，增强部队的组织纪律观念；④调整军队后方勤务工作，实行精兵简政，裁减老弱，加强基层，充实战斗部队，提高部队战斗力。其中，野战部队练兵时重点是练攻城、练守城、练夜战，利用战斗间隙练习射击、刺杀、投弹等。各地方兵团和民兵的训练则以队形、射击、投弹、防特、刺杀和军事纪律、组织纪律的训练为主。这样，解放区在全面内战到来之前，就出现了一个官教兵、兵教官、兵教兵的群众性练兵高潮。

反奸清算主要在新解放区进行，对象主要是日伪统治时期欺压群众，为非作歹，为群众所痛恨的伪官吏、汉奸、特务、恶霸分子等。对罪大恶极者，一般通过召开公审大会、控诉会，揭发其罪恶，然后根据本人罪恶情节予以惩处，对其财产实行没收，以平民愤；对犯有一般罪行者，则通过说理会、清算会，清算其贪赃、枉法、敲诈勒索的不义之财，吐出赃款，归还群众。

结合反奸清算斗争，新老解放区还全面开展了减租减息运动。减租减息运动，使农民所受的封建剥削得以减轻，生活得以改善。在减租减息运动中，一些解放区的群众，还在斗争中直接从地主手中取得了土地，有的地方甚至实现了"平均土地"。

此外，当时各解放区的党政领导还清醒地认识到，经过8年抗战，解放区人力、物力资源消耗极大，只有大力发展生产，才能渡过难关，恢复元气，改善军民生活，准备好击退国民党进攻的物质基础。基于这样的认识，各解放区党政领导在发动群众支援战争的同时，妥善安排人力，不违农时地进行生产，并发放贷款，扶持工农业生产。在此同时，各解放区人民政府还组织部队、机关、学校尽可能地助民劳动，开展救灾工作，尽可能节减开支。

解放区军民经过半年多的反奸清算、减租减息和练兵、生产运动，广大群众的革命积极性大为提高，军事和经济实力均有很大的增强，为粉碎蒋介石的进攻，奠定了胜利的基础。

1946年6月，蒋介石在完成了发动全面内战的准备以后，公然撕毁停战协议等一系列和平协议，于26日大举围攻中原解放区。同时，以此为起点，向全国解放区发动全面进攻。

蒋介石的内战枪声，击碎了四万万同胞的和平希望！

战争初期的形势对中共来说是严重的。国民党无论在军队数量、装备和战争资源等方面，都明显地处于优势。在国民党军的全面进攻中，从1946年7月到1947年2月的8个月中，国民党军一共侵占了包括苏皖解放区首府淮阴、冀热辽解放区首府承德、晋察冀解放区首府张家口等105座城市，大有黑云压城城欲摧之势。

面对国民党军的强大攻势，各解放区军民坚决地开展自卫战争，英勇地迎击进犯的国民党军。这一时期，人民解放军主力主动地避开敌军进攻的锋芒，转入敌军侧翼，抓住战机，集中优势兵力，在运动中各个歼灭敌人，以消灭敌人的有生力量。经过8个月的浴血作战，解放区军民歼敌66个旅，约71万人，粉碎了国民党军的全面进攻。

1947年3月，蒋介石在解放区军民的沉重打击下，被迫放弃全面进攻战略，集中重兵，向山东解放区和陕甘宁解放区发起重点进攻，以图摧毁中共中央和人民解放军总部等首脑机关，聚歼西北和华东人民解放军。

面对强敌，毛泽东和中共中央军委沉着冷静，运筹帷幄。西北野战军在彭德怀指挥下，依靠陕北优越的群众条件和有利地形，开展人民战争，并集中优势兵力，在运动中相继取得了青化砭、羊马河、蟠龙镇、沙家店等战役的胜利，彻底粉碎了国民党军对陕甘宁边区的重点进攻。华东野战军则在山东解放区，抓住稍纵即逝的战机，取得了孟良崮战役的胜利，给蒋介石以沉重打击。

为配合陕甘宁边区和山东解放区粉碎国民党军队的重点进攻，其他解放区军民还主动向全国其他战场的敌人展开进攻，取得了一系列胜利。这样，到1947年6月，解放区军民以劣势装备，在中共中央领导下，又粉碎了国民党军的重点进攻。

在反击国民党军队对解放区的全面进攻和重点进攻中，解放区的人民为战争的胜利作出了巨大的贡献和牺牲。在战斗中，他们冒着枪林弹雨，日夜不停地抢送伤员、弹药和粮食，很多民工还为支援前线、抢救伤员而献出宝贵的生命。如孟良崮战役时，仅鲁中解放区随军的一线民工就达7万多人，二线民工有15万多人，此外还有众多的临时民工。没有解放区人民群众的无私支援，就不可能有战争的胜利。

 向北发展　开辟东北解放区

日本投降后，内战危机日益严重。为准备反击蒋介石发起的内战，中国共产党采取了一系列的战略措施。其中，十分重要的决策是提出了"向北发展，向南防御"的战略方针。这个方针的要旨是，阻止国民党军的大规模北进，继续集中力量消灭拒不投降的日伪军，完全控制热河、察哈尔两省，发展和控制东北。

东北地区，在日寇投降前，没有蒋介石的一兵一卒。大片的东北国土，是蒋介石实行不抵抗主义，在九一八事变中拱手让给日本侵略者的。然而，东北的抗日力量并没有销声匿迹。在中国共产党领导下，东北人民建立了东北抗日联军。这支人民武装，在极端困难的条件下，从长白山下到松花江畔，从兴安岭山区到松嫩平原，与日寇浴血奋战，给深受日寇奴役蹂躏的东北人民带来了希望。因此，中国共产党及其领导的人民武装，在东北人民群众中有很大的影响，深受东北人民的爱戴。

东北地区与冀热辽解放区毗连，辽东半岛又与胶东解放区隔海相望，日寇投降后，东北人民十分期望我党我军能挺进东北，收复失地。因此，当时无论是在群众基础，还是地理条件上，我军向东北进军，都极为有利。况且，我军如控制东北，便与苏联、朝鲜连成一片，革命根据地长期受敌人分割包围的不利局面，将从根本上改变。

苏联出兵东北后，为配合苏军作战和受降，中共中央命令冀热辽解放区部队组成三路先遣纵队挺进东北。先遣纵队沿途拔除日伪据点，解放山海关，接管了锦西、锦州等地。9月5日在苏军秘密配合下，进驻沈阳，进入东北腹地，打开了通往东北的大门。

9 月 18 日，中共中央在作出"向北发展"决策的同时，派彭真、陈云、叶季壮、伍修权等人抵达沈阳，正式宣布成立以彭真为书记、陈云为副书记的中共中央东北局。在此同时，中共中央还调集山东军区 6 万余人，新四军第三师 3.5 万人以及陕甘宁、晋察冀、晋冀鲁豫、晋绥解放区的部分野战部队共 11 万余人和党政干部 2 万余人，挺进东北。这些进入东北的部队和原在东北坚持抗战的抗日联军，统一组成了东北人民自治军，在东北境内广泛发动群众，消灭日伪残余，肃清汉奸，剿灭土匪，建立各级地方政权。

1945 年 10 月，大批国民党军队在美国帮助下，运抵东北。11 月以后，国民党一面以重兵大规模进攻东北解放区，一面向苏军发动外交攻势，使苏军承诺延期 1 个月从东北撤军，保证将各大城市及长春铁路交给国民党接管。

在这种不利形势下，为确保"向北发展"战略方针的实现，建立起巩固的东北根据地，中共中央果断地确定了在东北采取"让开大路，占领两厢"的方针，即：在目前不利形势下，应放弃争取东北大城市的任何企图，以主力在广大农村和中小城市，发动群众，剿匪反奸，在东满、西满、北满等战略要地建立巩固的根据地。12 月 28 日，毛泽东亲自给中共中央东北局起草了《建立巩固的东北根据地》的指示，进一步重申了"让开大路，占领两厢"的方针，再次强调要把东北的工作重心放在距离国民党占领中心城市较远的城市和广大乡村，而不是在国民党已占领的大城市和交通干线的附近地区，因为国民党不会允许我们在这些地区内建立根据地。在指示中，毛泽东还严肃指出，建立根据地必须经过艰苦奋斗，在"干部中一切不经过自己艰苦奋斗，流血流汗，而依靠意外便利、侥幸胜利的心理，必须扫除干净"。

根据中共中央的指示精神，东北我军主力迅速改变战略部署，以 3/4 的主力部队，有重点地分兵于西满、北满、东满广大地区进行剿匪及发动群众，创建根据地。

此后，在东北的我军一方面对国民党的大规模进攻进行适当反击，一方面集中力量在远离城市的广大乡村发动群众，建立和扩大人民武装，清剿严重威胁人民生命财产安全和民主政权巩固的土匪，开展反奸清算斗争，打击日伪残余，削弱城市和农村的封建势力，瓦解国民党在东北的社会基础。

通过艰苦卓绝的斗争，到 1946 年 5 月，东北解放区已初具规模，先后成立了热河省、松江省、辽宁省、安东省、辽北省、吉林省、嫩江省、黑龙江省、合江省、绥宁省、兴安省等 11 个省政府。与此同时，近 30 个市、专区、盟，200 多个县和旗的政权也都先后建立起来。

但是，东北根据地创建初期，由于日军投降前后的破坏，土匪的骚扰，军费的巨大支出，致使根据地的财经工作遇到了很大困难，军需民用物资严重缺乏。很多部队连军用大衣、棉衣、鞋袜等物资都供应不足。1946 年，东北解放区军民在晋察冀和山东解放区支援

15万匹布的情况下才勉强过冬。

为解决财政困难，中共中央东北局根据陈云的提议，一方面没收敌伪资财，发行公债，征收公粮，开展对外贸易，驱逐伪币，成立各省银行，发行货币，建立革命的货币体系；另一方面，减轻人民负担，恢复和发展解放区经济，废除伪满时的一切苛捐杂税，整顿税收，建立合理的税收制度。这些关于经济上的重大举措，为解决东北解放区的财政困难，反击国民党的进攻，巩固东北革命根据地起了十分重要的作用。

 ### 3　逐鹿中原　重建中原解放区

解放战争进入第二年，国民党军队由于屡战屡败，士气低落，战斗力下降。人民解放军却士气高涨，胜利信心越来越强，解放区也日益巩固，广大民兵、民工积极配合主力部队作战，地方党政机关全力支援前线。人民解放军和国民党军相比，虽然在数量和装备上仍处于劣势，但在士气和机动兵力上却处于优势。根据上述形势，中共中央和中央军委果断决定：举行全国性反攻，将战争引向国民党区域，在外线发动群众，大量歼敌，彻底粉碎国民党将战争继续引向解放区，进一步破坏和消耗解放区人力物力，使我不能持久的战略意图，创造新的根据地。

经过深思熟虑，中共中央决定将战略进攻的矛头首先指向国民党统治的大后方——大别山地区，然后夺取中原，创建中原解放区。

大别山地区，位于国民党首都南京和长江中游重镇武汉之间的鄂豫皖三省交界处，是国民党战略上最敏感最薄弱的地区。这里曾是红四方面军和新四军第四师的活动区域，建立过鄂豫皖革命根据地和鄂豫边抗日根据地，有较好的群众基础，容易立足。我军如能一举控制大别山地区，便可东慑南京，西逼武汉，南扼长江，瞰制中原。

为了实现跃进大别山，夺取中原的战略计划，中共中央和毛泽东作了三军配合，两翼牵制的周密部署，并决定成立以邓小平为书记的中共中央中原局，统管中原地区的党政军工作。

1947 年 6 月 30 日夜，刘伯承、邓小平率晋冀鲁豫野战军主力 12 万人，在鲁西地区 300 华里宽的正面强渡黄河，进军大别山，揭开了全国性大进攻序幕。

我军强渡黄河后，于 7 月中旬在鲁西南地区速战速决歼敌 6 万余人，而后乘胜南进，飞越黄泛区，抢渡汝河，突破敌人的层层阻拦，于 8 月 27 日胜利进入大别山区，完成了千里跃进大别山的壮举。此后，刘邓大军经过 3 个月血战，在大别山区建立了 33 个县的民主政权，开辟了大别山根据地，在国民党统治心脏地区插进了一把利刃。

8 月下旬，为配合刘邓，经略中原，晋冀鲁豫解放区的太岳兵团 8 万余人和 3 万民兵、民工，在陈赓、谢富治率领下渡过黄河，向豫西进攻，占领了豫西及豫陕边界广大地区，攻克 19 座县城，建立了 31 个县的民主政权，成立了豫陕鄂军区和行政公署，豫陕鄂解放区初步形成。

8月底，华东野战军主力在陈毅、粟裕指挥下，由鲁中西出津浦路和运河，向鲁西南的敌人进攻。9月下旬挥戈南下，越过陇海路，攻占豫皖苏边区24座县城，摧毁敌政权，解放了广大农村，建立了3个专署，在根据地内普遍建立了县、乡政权和地方武装，豫皖苏根据地正式形成。

经过几个月惊心动魄的斗争，刘邓、陈粟、陈谢三支大军在大别山、豫皖苏、豫陕鄂胜利展开，创建了互为犄角，互相配合，令蒋介石寝食不安的三块根据地。

为坚守中原，阻止我军攻势，摧毁刚刚建立不久的三块根据地，蒋介石调集重兵拟先集中兵力夺取大别山，而后再移兵夺取豫皖苏和豫陕鄂，逼迫我军退出中原地区。

面对强敌，我三路大军在中原地区互为犄角，密切配合，经过历时半年异常艰苦复杂的斗争，歼敌近20万人，打破了中原敌军的防御体系，解放了100余座县城，建立了4个军区、26个军分区和各级民主政权，在有4500万人口的江淮河汉地区建立了中原解放区，并站稳了脚跟。

就在我三路大军以品字形阵势逐鹿中原的同时，陕北我军出击榆林，调动胡宗南集团主力北上；山东我军则在胶东发动攻势；内线解放区其他战场，我军也展开猛烈反击，收复失地，扩大解放区，在战略上策应外线兵团作战，敲响了蒋家王朝覆灭的丧钟。

　　1948年上半年，中原解放区三支大军，以大别山、豫皖苏、豫陕鄂根据地为依托，在中原战场，纵横驰骋，先后取得了洛阳战役、宛西战役、宛东战役、豫东战役等战役的胜利，从而彻底改变了中原战场的战略态势，打乱了国民党军在中原地区的防御体系，使中原解放区连成一片。西北野战军在取得宜川战役胜利后，全面转入外线进攻，从根本上改变了西北战场的形势，瓦解了国民党军在西北的防御体系。晋察冀野战军为打破敌我双方在北平（今北京）、天津、保定三角地带的对峙状态，积极捕捉战机，连续发动进攻，取得一系列战役的胜利，使晋察冀、晋冀鲁豫解放区连成一片，南北千余里已无敌据点。在此同时，晋冀鲁豫野战军又连续取得临汾、晋中等战役的胜利。这样，华北地区敌人只剩下北平、天津、保定之间的三角地区和太原、张家口等几座孤城。国民党军在华北地区的中心据点已全部肃清。在华东战场，山东兵团经过浴血奋战，使山东境内除济南、青岛、临沂等少数敌据点外，全部获得解放，并将华北、华东两大解放区连接了起来。华东野战军苏北兵团则重新建立了安徽东部的江淮解放区，和中原解放区连接起来。在东北战场，到1948年3月，在东北野战军的强大攻势下，国民党军已被压缩到沈阳、长春、锦州这三个互不联系、面积仅占东北总面积3%的狭小地区。

　　人民解放战争的胜利曙光，已出现在东方的地平线上。

谁主沉浮　车轮滚滚定乾坤

　　解放战争进入第三年，全国的军事、政治形势发生了更加有利于人民而不利于国民党的巨大变化。被迫固守战略点线的国民党主力集团已被解放区军民分别牵制在西北、中原、华东、华北、东北5个战场上。东北战场为卫立煌集团，55万人，分布在沈阳、长春、锦州3个孤立据点；华北战场为傅作义集团，60万人，分布在以北平、天津为中心的地区；华东战场为刘峙集团，60万人，分布在以徐州为中心的地区；华中战场为白崇禧集团，约35万人，分布在以武汉为中心的地区；西北战场为胡宗南集团，近30万人，分布在以西安为中心的关中地区。

　　战局发展表明，中国人民解放军同国民党军队进行战略决战的时机已经到来了。以毛泽东为首的中共中央审时度势，决定抓住这个历史的关键时刻。

　　1948年9月，中共中央召开了政治局扩大会议。华北、华东、中原、西北四大解放区的党和军队的主要负责人（由于交通条件限制，东北解放区负责人未到）参加了会议。会议决定：把战争继续引向国民党统治区，准备若干次带决定性的大的会战，求歼国民党重兵集团。会议要求各解放区努力恢复和发展工农业生产，厉行节约，反对浪费，支援战争。各解放区的党和政府应有计划地训练大批能管理军事、政治、经济、党务、文化教育等项工作的干部，以便能有秩序地接管新解放的广大地区。

9月会议后，各解放区人民掀起了轰轰烈烈的生产建设高潮，各解放区的人民解放军则在全国各战场上，发起规模空前的秋季攻势。随后，及时地将秋季攻势引向就地歼灭国民党军重兵集团的战略决战。

9月16日开始的济南战役，揭开了战略决战的序幕。济南战役历时8昼夜，华东野战军共歼守敌9万余人。在济南战役进行的同时，东北野战军发起辽沈战役，经52天鏖战，歼敌47万余人，解放了东北全境。辽沈战役胜利后，中原野战军和华东野战军及地方武装于1948年11月发起淮海战役，中原、华东两大野战军在地方武装的密切配合下，协同作战，歼敌55万余人，使长江以北的华东、中原地区基本上获得解放，使国民党反动统治的中心南京、上海直接暴露在人民解放军面前，为人民解放军横渡长江，直捣南京创造了极为有利的条件。当淮海战役硝烟正浓时，华北野战军、东北野战军协同作战，于1948年12月5日发起平津战役，攻占华北重镇张家口、天津等城市，和平解放驰名中外的历史文化名城北平。战役历时64天，歼敌52万余人。至此，华北地区除归绥（今呼和浩特）、太原等少数据点外，全部获得解放，华北、东北两大解放区完全连成一片。

在解放战争初期，战略决战和随后向全国的进军中，支援前线成为各解放区政府的一项中心工作。为了支援前线，各大解放区的人民政府调集了大批干部，建立起各级支前委员会，组成坚强有力的支前指挥机构，每次较大战役，都有几万或几十万民兵、民工参战，保障前线的需要。在各个战场上，解放区政府不仅动员了随军作战的常备民工队伍，连妇女、儿童也动员起来为战争服务。

在东北解放区，3年中参战民工达313万人，担架30余万副，大车30万辆，马90万匹。广大翻身农民将生产的粮食，晒干扬净，选择上等粮食交纳公粮686万多吨，同时卖给国营贸易部门余粮180万吨。解放区的广大工人还发挥高度的劳动热忱，生产各种武器弹药和军需品供应前线。4年中，东北军事工业生产手榴弹499万多枚，子弹2800多万发，各种炮弹305万多发，支援前线。仅辽沈战役中，东北解放区就动员了9.6万名民工，3.6万辆大车，1.4万副担架，随军行动。他们顶风冒雪，迎着枪林弹雨，不辞一切劳苦，以保证军队的需要。

在西北解放区，陕甘宁、晋绥、晋南解放区人民3年中有1527万余人参加支前活动，支前畜力达430万匹，出动大车10余万辆，运粮食34万吨，而为解放军碾米、磨面、做鞋等的人数则无法统计。

在华东和中原解放区，仅山东解放区4年中就有240万民工随军作战。仅在淮海战役中，就有543万民工直接或间接参战。其中，随军常备民工22万人，二线转运民工130万人，后方临时民工390万人，他们用肩挑、车推、驴驮、船运等原始方法，从千里内外，将330万吨弹药物资，5亿多斤粮食，156万斤油盐，86万斤猪肉等及时送到前方。仅5亿多斤粮食，如用小车装，每车装 300 斤，把这些小车排成行，就可以从南京到北京排成 5 行。华东野战军司令员陈毅曾形象地说：淮海战役的胜利，是人民群众用小车推出来的。

在华北解放区，解放区人民为了支援前线作出了重大牺牲和贡献。在平津战役时，华北解放区人民，在广大地区设置了以战场为中心的四面八方的供应线，动员了 154 万人，担架 2 万副、小车 2 万辆、牲畜 10 万头为前线服务。为保障平津战役的胜利，华北解放区人民还修桥 372 座，修路近 7000 公里，供部队使用。

在气势磅礴、波澜壮阔的解放战争中，最为壮观的应该是：成千上万的人民，数十万辆大车、小车滚滚拥向前线，这又不禁让人想起那首唱遍大江南北的支前歌谣：

> 手推小车吱嘎吱嘎响，大家忙着送军粮。
> 鸡还没有叫，天还没有亮，
> 起早摸黑赶着上前方。
> 不怕粮车重又重，不怕路儿长又长，
> 解放军吃饱有力量，打呀嘛打胜仗。

在崎岖不平的乡间小路，在荆棘遍地的羊肠山道，成千上万的普通百姓，带着对新社会的憧憬，挥汗流血，赴汤蹈火，用原始的小小车轮碾倒了蒋家王朝，迎来了中华民族的新世纪。

八　解放战争时期解放区的政权与法制

 民心所向　建立人民民主政权

抗日战争胜利后，国共两党曾商谈和平建国问题，国内出现短暂的和平局面。由于国共合作未彻底破裂，内战未全面爆发，原各抗日根据地的民主政权基本维持原状，其性质仍为抗日战争时期包括地主阶级在内的几个革命阶级联合的民主专政。

1946 年 6 月，蒋介石悍然撕毁政协协议，挑起了全面内战，使国内阶级关系发生重大变化，人民大众和封建势力、官僚资本主义的矛盾上升为中国社会的主要矛盾。随着解放战争的胜利发展和解放区的不断扩大，各解放区不断加强政权建设，相继建立了华北人民政府、东北人民政府、中原临时人民政府和陕甘宁边区政府等大解放区人民政府，并在北平、天津等大中城市建立了军事管制委员会。这些新建立的政权，性质已发生了根本变化，它已经不同于抗日民主政权，而是中国共产党领导下的工人阶级、农民阶级、小资

131

产阶级和民族资产阶级的几个革命阶级的人民民主专政，其基础是工农联盟，专政对象是地主阶级和官僚资产阶级。

解放区人民政权的组织形式主要有人民代表会议制度、军事管制制度和民族区域自治制度。

（1）人民代表会议制度。内战爆发前，各解放区各级政权的组织形式仍采取以"三三制"为特点的参议会制度。全面内战爆发后，为了适应新的形势需要，各解放区普遍取消了参议会，而代之以人民代表会议。人民代表会议是参议会向人民代表大会过渡的形式。解放区最高级别的人民代表会议由区域代表、职业团体代表及聘请代表组成。在大解放区人民代表会议之下，各解放区所设立的人民代表会议极不统一。但老解放区在土地改革之后，在贫农团和农会的基础上，普遍建立了区、乡（村）两级人民代表会议。区、乡（村）人民代表会议由选民直接选举产生，为区、乡（村）两级政权的权力机关，并由它选举产生政府委员会，作为行政机构。

（2）军事管制制度。军事管制制度是在新解放的城市实行的一种过渡性的政权组织形式。实行军事管制的城市，以军事管制委员会为该城市统一的军政最高权力机关。军事管制委员会不由民选产生，而由人民解放军总部或大军区、野战军前线司令部委任。军事管制委员会一般待其任务完成和城市人民政府建立之后，便经上级主管机关批准将权力移交当地人民政府和警备司令部，并宣布撤销。如北平、天津、南京、上海等城市即如此。

（3）民族区域自治制度。抗日战争胜利后，内蒙古人民在中国共产党领导下开展了自治运动，1947年5月1日，成立了内蒙古自治政府，在我国首次实行民族区域自治制度。内蒙古自治政府是由权力机关临时参议会选举产生的，是内蒙古最高行政机关，对临时参议会负完全责任。内蒙古自治政府下设民政、军事、财经、文化教育、公安、法院、民族委员会和办公、参事厅。自治政府以下地方行政区划分盟、旗（县、市）、区（街、村）。各级代表大会为各级地方行政区域的权力机关，各级地方政府都实行民选，由自治政府委任。

内蒙古自治政府是我国第一个民族区域自治政府，它的建立对于内蒙古人民政治、经济、文化的发展有着重要的意义，同时也为我国民族区域自治制度的建设提供了经验。

随着人民解放战争的迅速发展，各解放区先后自上而下建立起人民民主政权。由于大片国统区和城市的解放，各解放区的行政区划和行政制度变化较大。其显著特点是边区向大解放区过渡，行署制向行省制过渡。行省以下仍为县、村，至解放战争后期各解放区基本上采取大区、省、县、乡（村）四级行政体制。如在华北抗日根据地，由于形势日趋好转，1948年5月中共中央离开陕北，转移到河北省平山县西柏坡。为统一和加强领导，中共中央和中央军委决定将晋察冀和晋冀鲁豫两个解放区及其领导机构合并，组成中共中央华北局、华北联合行政委员会和华北军区，令

133

刘少奇兼任华北局第一书记，董必武任华北联合行政委员会主席，聂荣臻任华北军区司令员。8月，经过华北临时人民代表大会的讨论决定，华北联合行政委员会改为华北人民政府，在华北4400万人口的区域内建立起中国共产党和党外民主人士合作的统一的人民政府，为不久诞生的新中国的中央人民政府作了一些必要的准备。华北人民政府成立后即发出重新调整行政区域的通令，宣布撤销晋西北、晋南、太行、太岳、太原5个行政区，恢复山西省，在太原建立中共山西省委、省人民政府和省军区。这样晋察冀边区和晋冀鲁豫边区就完成了由边区向大解放区、行署制向行省制的过渡。其他解放区也先后完成了过渡。

 ## 永恒命题　跳出"周期率"
的考验

　　1945年，在抗日战争胜利前夕，重庆国民参政会参政员黄炎培等访问延安。黄炎培曾向毛泽东等中共领导人谈道：一部历史，其兴也浡焉，其亡也忽焉。大凡初起时聚精会神，无一事不用心，无一人不卖力，从万死中觅取一生。待到环境好转，精神放松，而惰性发作，到风气养成，虽大力无法扭转，无法补救。于是政怠宦成。人亡政息者有之，求荣取辱者有之，总跳不出这周期率（律）。因此，他希望中共朋友找到一条新路，来跳出这"周期率"的支配。对此，毛泽东回答说："我们已找到新路，我们能跳出这周期率。

这条路，就是民主。只有让人民起来监督政府，政府才不敢放松。只有人民起来负责，才不会人亡政息。""只有大政方针决之于公众，个人功业欲才不会发生。只有把每一地方的事，公之于每一地方的人，才能使地地得人，人人得事。用民主来打破这周期率，怕是有效的。"这里，毛泽东提出了民主的"新路"，实际上就是紧紧依靠群众，让人民起来负责，让人民对政府实行监督。这条民主"新路"应该说是毛泽东对中国革命政权建设经验的高度总结。

解放战争时期，中国共产党面对强大的敌人，为争取民众，在解放区进一步发扬抗战时期的延安精神，继承抗日根据地反腐倡廉的经验，沿着毛泽东所说的民主"新路"来进行政权建设，保证人民民主政权的廉洁高效，使革命政权深深扎根于人民群众之中，受到人民群众的拥护支持，为解放区的发展和人民解放战争的胜利提供了有效的保证。

解放战争时期，各解放区人民民主政权廉政建设的措施归纳起来有以下几个方面。一是领导干部以身作则，起模范表率作用。表现为：生活上不搞特殊照顾，艰苦朴素，与人民群众同甘共苦；反腐败从中央机构做起，对高级干部的腐败行为决不姑息纵容；以身作则，用实际行动积极倡廉兴廉。二是制定了必要的制度和严格的法规，毫不手软地依法肃贪惩腐。三是建立和强化自我约束机制和行政监察机能，同时切实依靠人民群众对政府的各级干部实行民主监督。如1948年8月，华北人民政府成立后即设立了行政监察机构——华北人民监察院，通过监督、检查、检举并处分政府机关和公务人员的贪污腐化、违法失职，来防止和反对脱离群众的官僚主义作风。四是充分发挥党报党刊及各类报纸杂志的舆论监督作用。五是加强对党员和广大干部的思想教育和信仰教育，不断提高政府和党的工作人员的政治思想素质。六是时时注意密切联系群众，将人民群众利益摆在第一位，全心全意为人民服务等。这些廉政措施和抗战时期的延安精神结合在一起，就形成一种时代精神。这种精神的内涵就是抱着远大的理想，又能脚踏实地地进行工作的精神；就是不怕艰难困苦，不在强大的敌人面前低头，敢于克服一切困难，战胜一切敌人的精神；就是在革命队伍内部同甘共苦，团结一致的精神；就是公而忘私，为了民族的利益、公共的利益、长远的利益，不怕牺牲个人的、暂时的利益的精神。

中国共产党人在解放区人民政权建设的成功，获得了广大人民群众的拥护和信赖。在人民群众眼中，中国共产党与国民党，解放区人民民主政权与南京国民党政权，新民主主义政治制度与国民党官僚资产阶级统治的半殖民地半封建政治制度的根本区别就是民主与独裁、廉洁与腐败；一方服务于人民大众，一方服务于地主官僚。因此，他们不怕牺牲、流血和奉献，自觉选择了代表他们利益的中国共产党和人民民主政权，选择了新民主主义制度。

正由于千百万人民群众的无私支持和帮助，中国共产党才能在解放战争中由弱变强，摧毁英美支持的强大的国民党政权。

治国安民　革命法制更趋完善

　　解放区人民政权的法制建设是从抗日战争时期向中华人民共和国时期过渡的重要阶段，很多立法，都反映了这种过渡性质。

　　解放区人民政权具有代表性的宪法性文献，前期有 1946 年 4 月陕甘宁边区第三届参议会第一次大会通过的《陕甘宁边区宪法原则》，它由政权组织、人民权利、司法、经济、文化五部分组成。《宪法原则》确定人民代表会议制度为人民民主政权的基本政治制度，规定边区、县、乡各级人民代表会议为各级人民管理政权机关，人民不仅有政治上的各种自由权利，还有免于经济贫困、愚昧、不健康的权利，及有武装自卫权等。《宪法原则》还规定，各级司法机关独立行使职权，除服从法律外，不受任何干涉。此外，《宪法原则》还规定人民民主政权保障耕者有其田，劳动者有职业，企业有发展的机会，欢迎外来投资，保障其合理利润，消灭贫穷，繁荣经济等。

　　《宪法原则》用根本法的形式确立了解放区的革命成果，推动了解放区的新民主主义建设，促进了全国人民争取和平、民主的斗争。为了使《宪法原则》变为正式的宪法，陕甘宁边区参议会根据《宪法原则》拟定了《陕甘宁边区宪法草案》，并准备在广泛征求意见的基础上通过。但因国民党反动派发动军事进攻，致使这项制宪工作中断。

解放战争后期，解放区有代表性的施政纲领是1947年4月颁布的《内蒙古自治政府施政纲领》和1948年8月颁布的《华北人民政府施政方针》。其中《华北人民政府施政方针》首先规定，华北解放区的任务是为解放全华北而奋斗，并继续以人力、物力、财力支援前线，争取人民革命在全国的胜利；有计划有步骤地进行各种建设工作，恢复和发展生产，继续建设为战争和生产建设服务的民主政治，培养各种干部和吸收各种有用人才，以奠定新中国的基础。其次规定，尽可能地建立人民的、经常的民主制度，建立各级人民代表大会，并由它选举各级人民政府。对于经济、文化教育、外交等方面的政策，《施政方针》亦作了明确规定。

华北人民政府成立后，《华北人民政府施政方针》得到贯彻实施，并在巩固人民民主专政，健全民主制度方面，以及在恢复与发展生产，支援前线作战方面发挥了重要作用。

除上述宪法性文献外，各解放区人民政权还十分重视土地立法、刑事立法、劳动立法、婚姻立法、经济立法等。如1948年8月在哈尔滨召开的第六次全国劳动大会，根据"发展生产，繁荣经济，公私兼顾，劳资两利"的总方针，提出了劳动立法的一般原则，随后各地人民政府颁布有关劳动问题的一系列法令，指出工人阶级有组织工会的权利，有成立工厂管理委员会和职工代表会议的权利，实行劳动保险制度。针对劳资纠纷增加的情况，1949年7月全国工会工作会议通过《劳资关系暂行处理办法》、《劳资争议解决程序的暂行规定》、《关于私营工商业劳资双方订立集体合同的暂行办法》等。

随着解放区革命法制的进一步完善，解放区人民政权在基本沿用抗日民主政权司法制度的同时，又有新的发展。这一发展是解放区人民政权司法工作的任务体现出来的。当时，解放区人民政权司法工作的任务就是从法制方面保障人民解放战争的胜利，彻底摧毁国民党南京政府的司法制度，废除伪法统，建立人民民主专政的司法制度。

为了在解放区建立人民民主专政的司法制度，各解放区人民政府，彻底废除伪法统，摧毁旧的司法机构，建立起人民司法机构，这些司法审判机构分为大区（如东北、华北、中原等）、省（行政公署）、县三级，统一名称为人民法院。各级人民法院由同级人民政府领导。这时期，各解放区还根据审讯汉奸和日本战犯及土地改革、军事管制等的需要，建立过军事法庭、特别法院、临时性土地改革人民法庭及由各市军管会成立的特别法庭等。解放战争后期，随着华北人民政府等大区人民政府的成立，各大区人民政府下都设立了司法部，管理司法行政。

解放区人民政权司法机关在沿用抗日民主政权司法机关诉讼审判监狱制度的同时，也作了一些新的改革。如在城市推广了人民调解制度，在新解放的大城市建立市、区、街道三级调解组织，取消一切诉讼费，建立新型劳动改造制度等。

九 解放战争时期解放区的
经济与文化

 暴风骤雨 土地改革全面展开

解放战争全面爆发后，为了把新民主主义革命进行到底，中国共产党及时地适应了革命形势转变，适时地提出了取消帝国主义在中国的特权，消灭地主阶级和官僚资产阶级的剥削和压迫，改变买办的生产关系，解放被束缚的生产力等革命任务；提出了适应这些革命任务的新民主主义三大经济纲领，即：没收封建地主阶级的土地归农民所有，没收蒋介石、宋子文、孔祥熙、陈立夫为首的官僚资本归新民主主义的国家所有，保护民族工商业。而进行土地改革，没收封建地主阶级的土地归农民所有，是三大经济纲领的核心内容。

1946 年春，随着内战的日益临近，国内阶级矛盾上升到主要地位，中国共产党为了完成民主革命的基本任务，满足广大农民对土地的迫切要求，支持广大农民反恶霸地主和清除汉奸的运动，于 1946 年 5 月 4

日发出了《关于清算减租和土地问题的指示》（简称"五四指示"）。这个指示的灵魂是：坚决支持农民从地主手中获得土地，实现耕者有其田。

"五四指示"的颁布，标志着中国共产党的土地政策由减租减息开始向没收地主阶级的土地，进行土地革命的重要转变。此后，广大农民在"五四指示"指引下，通过反奸清算、退租算账、退押退息等斗争，从地主手中获得了土地。但是，"五四指示"规定了富农的土地一般不动，开明士绅、华侨等可以多保留一些土地，较多地照顾了地主富农的经济利益。因此，它是一个由减租减息到彻底平分土地的过渡政策，是与当时政治形势的过渡性相适应的。

1946 年秋冬，国民党加紧向解放区进攻，和平的最后一线希望破裂。随着革命形势的发展，土地革命运动的深入，有必要彻底解决土地问题，发动广大农民参军参战，保卫解放区土地革命成果。

1947 年 9 月，中国共产党在河北省平山县西柏坡召开全国土地会议，制定了《中国土地法大纲》。这个大纲是中国共产党 20 年来领导土地革命斗争的经验总结。大纲共有 16 条，规定了土地改革的目的在于"废除封建性及半封建性剥削的土地制度，实行耕者有其田的土地制度"，土地分配原则是乡村中一切地主的土地及公地连同乡村中其他一切土地，按乡村全部人口，不分男女老幼，统一平均分配，在土地数量上抽多补少，质量上抽肥补瘦，使全乡村人民均获得同等的土地，并归各人所有。大纲还规定对地主富农区别对待，对中农利益适当加以照顾，对工商业进行保护等。

　　全国土地会议后，在《中国土地法大纲》指导下，各解放区党政领导机关派出大批工作队深入农村，发动群众，一个波澜壮阔、规模空前的土地改革运动，很快在陕甘宁、晋绥、晋冀鲁豫、华中等老解放区，东北等半老解放区以及豫皖苏、豫陕鄂等新解放区普遍展开，其势如暴风骤雨，迅速形成了一个土地革命的高潮。但在土地改革中，也发生了不少右的和"左"的偏差，如发动群众不充分，不满足广大贫苦农民的要求，或者产生绝对平均主义伤害部分中农利益；侵犯部分工商业和对地主、富农不区别对待，甚至出现乱打乱杀等现象。为此，中共中央为了正确执行土地法大纲，又为土地改革制定了一条明确的总路线和总政策，即：依靠贫农，团结中农，有步骤、有分别地消灭封建剥削制度，发展农业生产。

　　土地改革运动，在《中国土地法大纲》和土地改革总路线的指引下，取得了巨大的成绩。到 1949 年 6 月，约有 1.45 亿人口的地区完成了土地革命，广大贫雇农获得了土地，中农也普遍获得了利益，地主、富农的封建剥削被消灭了，同时也分得了一份土地，有了生活出路。

　　解放区土地改革的进行与完成，推动了中国革命历史进程，加快了革命胜利的到来，具有深远的历史意义。

　　封建土地制度是中华民族在近代被侵略、被压迫和贫困落后的根源，是我们国家民主化、工业化、独立统一及富强的基本障碍。封建主义是帝国主义和官僚资本主义统治的基础。因此，土地改革的完成，就打倒了封建主义，消灭了封建剥削和压迫的根基，解放了农村生产力，使农民从经济上政治上翻了身，为我国民主化、工业化和独立富强奠定了基础。

土地改革的进行推动了解放区和人民民主政权建设。在农村，当压迫在人民头上的地主恶霸被打倒后，农民获得了解放，他们组织起来，参加农会、贫农团、民兵，许多从土改中涌现出来的先进分子还加入了中国共产党。经过充分酝酿，各解放区逐步建立起县、区、村的人民代表会议，农民们开始行使自己的民主权利，参加和掌握乡村政权，成为解放区的主人。

为了保卫土地改革的成果，翻身农民踊跃参军参战，担负巨大的战争勤务。他们中有的母送子、妻送夫参加解放军，支援革命战争。更多的翻身农民则自带干粮，随军出征，抬担架，救伤员，押俘虏，送弹药，并以自己节省下来的粮草、被褥等物资支援前线的战争。可以说，土地改革后的解放区，为争取全国解放战争的胜利准备了取之不竭的人力和物力资源。"有了土地改革这个胜利，才有打倒蒋介石这个胜利"，这是毛泽东对土地改革意义的高度概括。

土地改革完成后的解放区，为了尽快恢复和发展农业生产，克服劳动力和生产工具的不足，以及农民个体经营的自身缺点和局限，中国共产党总结了在苏维埃时期和抗日根据地领导农民劳动互助的经验，大力开展互助合作运动，从而使解放区农业生产迅速发展起来。农业生产的恢复和发展，又有力地支持了人民解放战争，改善了农民生活，同时也为工商业的恢复和发展奠定了物质基础。

并驾齐驱 多种经济协调发展

随着解放战争节节胜利，解放区迅速扩大，一批批大中城市从反动统治下解放出来，许多铁路交通干线也为我控制，整个形势和革命工作的重点逐步从农村转到城市。

由于在解放战争以前的各个革命时期中，革命根据地的建设和革命战争主要是在敌伪统治下的广大农村进行，没收官僚资本和保护城市民族工商业的具体政策尚无明确细致的规定。因此，随着由乡村到城市的转变，中国共产党针对上述问题陆续制定了一系列具体的经济政策。

在中国，以蒋、宋、孔、陈为首的垄断资本与国家政权结合在一起，成为国家垄断资本主义。这个垄断资本主义，同外国帝国主义、本国地主阶级及旧式富农密切地结合着，成为买办的封建的国家垄断资本主义。它是蒋介石反动政权的经济基础。它不但压迫工人、农民，而且压迫小资产阶级，损害民族资产阶级，束缚社会生产力的发展。因此，新民主主义的革命任务，除了取消帝国主义在中国的特权以外，在国内就是要消灭地主阶级和官僚资产阶级的剥削压迫，改变买办的封建生产关系，解放被束缚的生产力，没收官僚资本，使新民主主义国家的国营经济掌握全国经济命脉，为转入社会主义革命创造前提。

　　为了使没收官僚资本的斗争能顺利进行，中国共产党严格区分了官僚资本与民族资本的界限。这个界限是：不将国民党人经营的工商业都叫做官僚资本而加以没收，经查明确实是由国民党中央政府、省政府、县市政府经营的官办工商业以及国民党大官僚所经营的企业，由人民民主政府接管营业；对于小官僚和地主创办的工商业不予没收；对一切民族资产阶级经营的企业，严禁侵犯。在这个具体政策的指导下，到1949 年底，人民政府没收了官僚资本工商业 2858 家。一些帝国主义在中国的企业也因取消了其在中国的特权等原因而无法维持，或者歇业，或者转让给人民政府，成为国营经济。

　　对官僚资本的没收和帝国主义在中国企业的接管，使解放区国营经济迅速壮大起来，并掌握了国家的经济命脉。

　　解放区人民政府在没收官僚资本主义企业之后，立即对这些企业进行了初步的民主改革，并采取了恢复生产的积极措施，改变了束缚工人阶级的剥削制度，废除官僚机构，建立工人管理委员会，改善职工生活，调剂原材料等，因而提高了工人政治觉悟和劳动热情，生产得以迅速恢复，劳动生产率大幅度提高，显示了社会主义性质企业的强大生命力。

　　保护民族工商业是新民主主义三大经济纲领之一，也是中国共产党在民主革命过程中一贯的政策。因为在半殖民地半封建社会里，中国革命的性质还是资产阶级民主主义的，而不是无产阶级社会主义的，革命的对象只能是帝国主义、封建主义和官僚资本主义，而不是一般民族资本主义。民族资本主义在民主革命阶段还是一种具有进步意义的生产方式，并占了现代性工业中的第二位。所以，为保护民族工商业，各解放区人民政府根据中共中央的有关政策精神，首先严格区分官僚资本和民族资本的界限，承认民族资本家在官僚资本企业中的股份所有权；其次区分封建地主经济与资本主义经济的界限，反对在土地改革中对中小资本主义成分采取过"左"的政策，以及没收民族资本主义企业的错误做法。此外，在"发展生产，繁荣经济，公私兼顾，劳资两利"的新民主主义经济方针指导下，正确处理国营工商业与私营工商业的关系，即在首先发展国营经济的同时，也积极鼓励私人经营；在国营经济的领导下，按照国民经济的需要和可能，在工业方面、商业方面以及价格方面均注意有利于民族工商业的发展。正确处理私营企业中的劳资关系，即从当时社会历史条件下出发，在有利于社会生产发展和繁荣经济的原则下，适当照顾工人阶级的长远利益，同时也要求使私营工商业者有利可图。在中国共产党的正确政策指引下，私营工商业很快得到恢复和发展。

但是，保护民族工商业，使它得到发展，不是毫无范围地让它任意发展，而必须对它进行适当的限制。中国共产党及其人民政府注意通过劳动保护政策、价格政策、税收政策来限制私人资本的过分剥削。通过控制原料、商品货源和市场，以及管理私人资本的活动范围等来限制他们的违法活动，限制私人资本生产的无政府状态。因此，人民政府只对那些有利于国计民生的工商业才加以扶助，而对于那些无利或有害于国计民生的工商业，则加以限制和改造。

随着大批城市的解放，中国共产党和民主政府在扶持鼓励正当的工商业的同时，对投机倒把、扰乱市场秩序的资本家给予打击，并与经营消极、拖延复工、企图关厂停业转移资金的资本家进行了斗争。如1949年6月9日，中国共产党对上海投机倒把的商人进行了一次有力的打击，使市场得以平稳下来。

由于中国共产党和人民民主政府对民族工商业、私营工商业采取了一系列正确的政策和措施，使工商业获得了空前发展，城市经济繁荣起来，在工商业中工业的比重不断上升，在国营经济的领导下，形成了多种经济成分协调发展的局面。

走向胜利　财政金融渐趋统一

在解放战争时期，解放区人民政府在解放区实施了新民主主义三大经济纲领，使解放区的农业和工商业得到很大恢复和发展，推动了财政金融的初步统一。

1948年以前，各解放区的财政金融虽是在中共中央政策的统一领导下，却是分散经营，区域之间联系较少，内部也不完全一致。当时，各大解放区都设有一个银行，发行限在本区域流通的货币。如东北解放区设立东北银行，发行东北币；晋察冀边区设立晋察冀边区银行，发行晋察冀边币；陕甘宁边区设立陕甘宁边区银行，发行陕甘宁边币；晋冀鲁豫边区设立冀南银行，发行冀南币；晋绥边区设立西北农民银行，发行西北农民币；中原解放区设立中州农民银行，发行中州币；山东解放区设立北海银行，发行北海币；苏皖解放区设立华中银行，发行华中币；等等。这些解放区银行发行的货币，为反对敌人经济封锁，打击敌人破坏财政金融、破坏市场、套购物资和法币起了很大作用，为解放战争的胜利和改善解放区人民生产生活起了应有的作用。

随着解放战争的节节胜利，各解放区相继连成一片，原来采取由各区分别发行地方性质货币的货币制度，已不能适应形势发展的需要。1948年，各大解放区相继召开了财政工作会议，统一了各大区内的财政、金融。同年12月又召开了各解放区的联合财政、金融会议，会议决定在石家庄成立中国人民银行，发行统一的人民币在全国流通。发行人民币的任务，首先是统一各解放区的币制，其次是稳定货币市场。这两项任务随着解放战争的胜利都分别完成了。自从建立了以中国人民银行为中心的金融机构，发行了解放区统一的货币后，中国就建立起了独立自主的、统一的、稳定的货币体制，从而彻底地改变了过去的混乱现象。货币的统一，意味着新民主主义经济在全国范围内的扩大和胜利，也标志着中国革命胜利的到来。

在财政方面，1946 年 12 月，毛泽东提出"发展生产，保障供给，集中领导，分散经营，军民兼顾，公私兼顾，生产和节约并重等项原则，仍是解决财经问题的适当的方针"。无论在早期分散经营的条件下，或在后期逐步进行统一的过程中，都始终贯彻了这一基本方针。所以财政收入和支出基本达到平衡。

当时，解放区的财政收入和抗日根据地时期一样，主要来源仍是农业税和工商业税。

所不同的是，在农业税方面，抗日根据地时期实行的是"统一累进税制"，而在解放区时期实行的是"比例税制"。因为各个解放区大都全面进行了土地革命，土地基本上已经平分，有条件实行"比例税制"。如华北解放区就规定，凡土地一亩常年产量 10 市斗的作为一标准亩，一个农业人口（不分男女老少）扣除一个标准亩作为免税点，然后按各户的标准亩数征收农业税。

工商业税，仍是包括出入口货物税、酒税、香烟税、工商营业税等。其在财政总收入中所占比重仍不大。如在陕甘宁、晋察冀、晋冀鲁豫和晋绥等边区，工商业税一般只占到财政总收入的 1% ~ 5%。解放战争后期，尽管先后解放了不少大中城市，工商业税有所增长，但占财政总收入比重仍不高，如晋察冀边区在 1948 年工商业税仍只占财政总收入的 10% 左右。

解放区的财政支出，绝大部分仍是用于供给军需和投资工农业生产。

解放区的发展，财政金融的逐步统一，促进了新民主主义经济的较快发展，并为全国的胜利作好了准备，创造了条件。新民主主义经济的发展和胜利，一方面标志着半殖民地半封建经济的崩溃和终结；另一方面又标志着革命胜利的到来和中国共产党为中国社会经济的发展开辟了一条新的广阔的道路。

 面向未来　文教事业蓬勃发展

在战火纷飞的解放战争时期，解放区的文化教育工作者，在民族、科学、大众的新民主主义文化方向的指引下，深入农村和前线，面向未来，初步建立起了新民主主义的文化教育体系，为新中国文化教育体系的确立奠定了基础。

新闻出版工作作为中国共产党和解放区人民的重要宣传阵地，在战火纷飞的解放战争时期仍获得较快发展。

日本投降后，解放区出现了一批新报刊。其中有1945年12月在江苏淮阴创刊的中共中央华中局机关报《新华日报》，1946年5月在河北邯郸创办的晋冀鲁豫边区中央局机关报《人民日报》，1945年11月在沈阳创办的中共中央东北局机关报《东北日报》等。

解放战争爆发后，各解放区的报刊因战争环境恶劣有所压缩。如延安的《解放日报》、鄂豫边区的《七七日报》、华中的《新华日报》等曾先后停刊。1947年7月，随着解放战争从战略防御转入战略反攻，解放区先前被迫停刊的报刊又陆续复刊，同时还创办了一些新的报刊。随着人民解放军陆续解放很多大中城市，中共中央及时作出了关于新解放城市中外报刊通讯社处理办法的规定，决定对新解放城市国民党的新闻事业一律予以没收和封闭，对进步的新闻事业予以保护，鼓励他们依靠自己的力量继续出版。同时，对外国在中国的新闻事业也制定了一些具体的处理原则和办法，限令继续与中国人民为敌的外国报刊、通讯社停止一切新闻活动。

同时，中国共产党在解放区各大城市还创办了一批中央一级机关报和中共中央局以及各省市委的报纸。如1947年11月，石家庄解放，出版了关内第一家大中城市报纸《新石门日报》（后改称《石家庄日报》）；1948年6月，中共中央华北局机关报《人民日报》创刊，1949年3月迁北平出版，同年8月改为中共中央机关报；1949年4月30日，南京《新华日报》创刊；5月，中共中央华东局兼上海市委机关报《解放日报》出版；5月，中共中央中南局机关报《长江日报》在武汉创刊；6月，中国民主同盟机关报《光明日报》创刊（后改为民主党派联合机关报）。其他省市报纸和全国性报刊也陆续出版。

随着解放战争的不断胜利，各解放区陆续办起广播电台。东北、华北和西北三大解放区相继建立起本地区的中心广播电台。新解放区则充分利用国民党的广播设备，在短时间内，先后建立了南京、杭州、武汉、上海、南昌、福州、兰州、西宁等一批大中城市人民广播电台。至1949年9月，全国各地已建立起人民广播电台近40座，形成了一个遍及全国的人民广播网。在解放战争期间，作为中共中央机关通讯社的新华社，在新老解放区都组建了总分社和分社，同时还建立了香港、伦敦、布拉格分社。1949年下半年，新华总社、总分社和分社相继从农村迁入新解放的城市，取代了国民党和帝国主义侵略者的新闻机关。

解放区新闻出版事业的发展，促进了解放区文学、诗歌、戏剧、美术及音乐等事业的发展，一大批富有时代气息，充分反映火热斗争生活的优秀作品，在战火中相继问世。如曾荣获斯大林文学奖的两部文学巨制——丁玲的《太阳照在桑干河上》和周立波的《暴风骤雨》，马烽、西戎合写的《吕梁英雄传》，袁静、孔厥合写的《新儿女英雄传》，李季根据民间故事撰写的长篇叙事诗《王贵与李香香》，阮章竞的长篇叙事诗《漳河水》等作品，就是解放区优秀文艺作品的典型代表。这些作品有的充满浓郁的生活气息，有的格调清新，语言细腻，富有诗情画意，有的则独具匠心地揭示农村和城市错综复杂的阶级关系和尖锐激烈、惊心动魄的阶级斗争等。

在解放战争时期，中国共产党与各级人民政府在教育上继续贯彻新民主主义教育方针和教育改革的精神，并根据这一时期的政治、战争与经济等特点，确定解放区教育的主要任务是：为土地改革、保卫胜利果实、开展生产运动、支援解放战争服务。为了完成这一伟大而又艰巨的任务，各解放区在教育中最主要的工作就是开办了大量的各级各类干部学校，进行广泛的普及教育，编写了各种各类新教材，培养出大批干部，争取了广大知识分子，使新民主主义教育事业获得巨大的发展，并为中国人民的解放事业作出了重大贡献。

当时，各解放区开办了很多干部学校。华北解放区、晋察冀边区有华北联大、白求恩医大、军区军政干部学校、铁路学院、工专、农专、商专、晋东建国学院等。晋冀鲁豫解放区有军政大学、新华大学等。1948 年 8 月华北联大与北方大学合并为华北大学。

在华中解放区，山东有山东大学，苏皖边区有华中建设大学。此外，苏皖边区在 1946 年就有中等以上学校近百所；苏北有苏中公学、华中公学、苏北建设学院等。

在西北解放区，延安的抗日军政大学、医科大学等学校在抗战胜利后相继迁往东北解放区。主要干部学校有西北人民军政大学、西北医专、妇女职业学校、绥蒙建国学院、新民主主义实验学校、雁门公学、吕梁公学等。

在东北解放区，因解放较早，大专学校较多。延安抗大挺进东北后改名为东北军政大学，在几年中培养了几万名军政干部。此外，还有东北公学、东北大学和中国医科大学等。

全国解放前夕，各大解放区遵照党中央"大量招收、严肃改造"的方针，设立了以吸收与改造知识分子思想为目的的人民革命大学。仅 1949 年一年中就有

20 万人入校学习，结业后分配到各工作岗位，适应了各条战线对干部的紧迫需要。

新民主主义教育事业胜利发展的另一项重要标志，就是对新解放区的各级各类学校的接收与改造工作，使之由旧学校逐步变成新民主主义教育事业的重要组成部分。

在全国解放前夕，中国共产党的工作重点由农村转向城市，为了迎接大规模的经济恢复和建设工作，对全国教育工作作出一系列新的规定，建立了各级学校的正规制度，为新中国教育制度的确立，作出了贡献。

十 农村包围城市，武装夺取政权理论的胜利

 历史选择 中华人民共和国诞生

辽沈、淮海、平津三大战役结束后，国民党军队主力已基本被消灭，长江以北的大中城市和乡村已几乎全部被解放。

为了迎接全国胜利的到来，1949 年 3 月，中国共产党在西柏坡召开了中共七届二中全会。会议的一个重要议题就是讨论党的工作重心由乡村转移到城市的问题。会上，毛泽东指出：党着重在乡村聚集力量、用乡村包围城市这样一种时期已经完结，从现在起，开始了由城市到乡村并由城市领导乡村的时期。当然城乡必须兼顾，决不可以丢掉乡村，仅顾城市。但是党和军队的工作重心必须放在城市，必须用极大的努力去学会管理城市和建设城市。党在领导城市工作时，必须全心全意依靠工人阶级，建立最广泛的人民民主统一战线，同时，要立即开始着手建设事业，一步一步学会管理城市，并将恢复和发展城市中的生产作为

中心任务，等等。

在会上，朱德、周恩来等都作了重要的发言。朱德总司令意味深长地说："过去从城市到农村，是个大转变。现在从农村转到城市，又是个大转变，我们的工作要适应这个大转变。""中国是个多灾多难的国家，要把国家建设好，有许多工作要做，我们的科学知识不够，没有什么值得骄傲的，骄傲的人往往是幼稚的人。"

中共七届二中全会后，中共中央和中国人民解放军总部领导机关由西柏坡迁进北平城，这正式标志着党的工作重心由乡村转入了城市，标志着中国共产党农村包围城市，武装夺取政权理论在革命实践中，取得了辉煌胜利。

1949 年 4 月 20 日，南京国民政府拒绝在《国内和平协定》上签字，当晚 20 时人民解放军发起渡江战役。4 月 23 日，国民党统治中心南京解放。

南京解放以后，人民解放军接着就以秋风扫落叶之势，分别向华东、华中、西北、西南等地挥戈猛进，追歼国民党残敌。到 1949 年 9 月底，除西南和广东、广西等部分地区外，全国大陆的大部分省份和重要城市获得解放，人民解放战争在全国范围内取得基本胜利。各大区、各省市的人民民主政权也开始自上而下逐步建立，国民党的统治被摧毁，建立全国人民民主政权的时机已经成熟。

1949 年 6 月 15 日至 19 日，新政治协商会议筹备会在北平中南海勤政殿举行第一次会议，筹备中国人民政治协商会议的召开和成立中华人民共和国中央人民政府的工作。

为了统一全国人民对建立新的国家政权的认识，毛泽东于 6 月 30 日发表了《论人民民主专政》一文。文章全面总结了中国革命的历史经验，指出：中国人民革命胜利后，只能建立工人阶级领导的，以工农联盟为基础的人民民主专政的国家政权。文章并说明了各阶级在这个政权中的地位，以及它应当实行的对内对外的基本政策，为建立新中国的政权奠定了理论基础和政策基础。

9 月 21 日，中国人民政治协商会议第一届全体会议在北平召开。中国共产党、各民主党派和无党派民主人士、中国人民解放军、各人民团体、国内各少数民族、海外华侨、宗教界 634 位代表出席了这次盛会。毛泽东在大会开幕词中向全世界庄严宣告："占人类总数 1/4 的中国人从此站立起来了"。"我们的民族将再也不是一个被侮辱的民族了，我们已经站起来了。"这里，毛泽东喊出了中国人民此时此刻的共同心声。为了实现这个目标，中国人民曾经付出多么巨大的代价，进行了多少可歌可泣的斗争，才换得这一天的到来。

会议决定：中华人民共和国的国都定于北平，并将北平改名为北京。在正式国歌制定前，以《义勇军进行曲》为代国歌，国旗为五星红旗，国徽留待中央人民政府成立后再作决定。

9 月 30 日，会议根据《中华人民共和国中央人民政府组织法》，选举毛泽东为中央人民政府主席，朱德、刘少奇、宋庆龄、李济深、张澜、高岗为副主席，周恩来、陈毅等56人为委员，组成中央人民政府委员会。

10月1日下午2时，中央人民政府委员会在中南海勤政殿举行第一次会议。会议决定：宣告中华人民共和国中央人民政府成立，接受《中国人民政治协商会议共同纲领》为中央人民政府的施政方针。会议推选林伯渠为中央人民政府委员会秘书长，任命周恩来为中央人民政府政务院总理兼外交部长，毛泽东为中央人民政府人民革命军事委员会主席，朱德为中国人民解放军总司令，沈钧儒为中央人民政府最高人民法院院长，罗荣桓为中央人民政府最高人民检察署检察长，并责成他们从速组成政府机关，开始执行各项政府工作。

会议决定向外国政府宣布中华人民共和国中央人民政府为中国唯一合法政府，并愿与各国建立平等的外交关系。

10月1日下午3时，毛泽东在天安门广场面对30万群众，向着全世界，亲手升起了第一面鲜艳夺目的五星红旗，并庄严宣告："中华人民共和国中央人民政府已于本日成立了。"

中华人民共和国中央人民政府的成立，标志着我国新民主主义革命已取得全国胜利，中国历史从此进入人民当家作主的新时代。

为了适应这个时代的需要，就需将新老解放区以大城市为中心重新划分行政区域，建立新结构、新形式的人民政权机关，以便更好地担负起新的历史使命。

1949 年 12 月 2 日，中央人民政府决定设立东北人民政府和华东军政委员会（辖山东、江苏、安徽、福建、浙江、台湾）、中南军政委员会（辖河南、湖北、江西、湖南、广东、广西）、西北军政委员会（辖陕西、甘肃、宁夏、青海、新疆）、西南军政委员会（辖四川、贵州、云南、西康）以及绥远军政委员会。同时，中央人民政府还任命了东北人民政府和各军政委员会主席及部分新区各省人民政府的领导成员。至此，各解放区人民政权已圆满地完成了历史赋予的光荣使命。

 彪炳千秋　革命根据地历史地位

第一次国内革命战争的失败，使中国共产党认识到了武装斗争的重要性。在"枪杆子里面出政权"的思想指导下，中国共产党领导全党、军队和革命人民，经过 22 年艰苦卓绝的革命战争，终于推翻了蒋介石国民党的反动统治，建立了中华人民共和国，夺取了民主革命的彻底胜利。这条胜利的道路，就是以毛泽东为代表的中国共产党人开创的建立农村革命根据地，以农村包围城市，最后夺取全国政权的道路。因此，革命根据地在中国革命和中国共产党的历史上占有极为重要的地位。

革命根据地是坚持农村包围城市，武装夺取政权道路的战略阵地。革命根据地是中国革命处于低潮时，毛泽东等人将马克思列宁主义普遍原理与中国革命具体实践相结合的产物。革命根据地的创立和曲折发展，是中国共产党人从幼年走向成熟的缩影。在革命根据地内，中国共产党根据不同历史时期的任务，先后建立了工农民主政权、抗日民主政权和人民民主政权，进行了土地革命和减租减息运动，解放和发展了农村生产力，发展了根据地的经济文化事业，改善了群众生活，建立了革命的法制和秩序。革命根据地在中国共产党领导下，被建设成为新民主主义中国的实验区和保障革命战争胜利的坚强阵地，它是新中国的雏形。

革命根据地是中国共产党学会治国安民艺术和造就大批优秀骨干的重要基地。由于中国是半殖民地半封建的东方大国，中国革命不能首先在城市取得胜利，必须在敌人统治力量薄弱的农村建立革命根据地，长期积蓄力量，走以农村包围城市，最后夺取全国政权的独特革命道路。因此，中国共产党在农村革命根据地所进行的根据地建设和革命战争，是夺取全国政权的伟大演习。如毛泽东所说，在这个演习过程中，"党开辟了人民政权的道路，因此也就学会了治国安民的艺术。党创造了坚强的武装部队，因此也就学会了战争的艺术。所有这些，都是党的重大进步和重大成功"。在这个演习过程中，"不但造就了一大批会治党会治国的有力的骨干，而且造就了一大批会治军的有力的骨干。这是无数先烈的热血浇灌出来的革命的鲜花，不但是中国共产党和中国人民的光荣，而且是世界共产党和世界人民的光荣"。中国共产党对革命根据地政权的领导是学会治国安民艺术，掌握全国政权的重要准备。在革命根据地，中国共产党积累了党的建设、廉政建设、民主政治建设、军队建设和经济文化建设的丰富经验；形成了一套密切联系群众、自力更生、艰苦奋斗的优良传统和作风；培养了一大批治党、治军、治政和从事经济文化建设的优秀领导骨干，许多同志成为新中国成立后党和国家的领导中坚。因此，革命根据地不但为中国革命的胜利起了最重要的作用，而且对中华人民共和国的各项政策和建设事业有着重大的影响。

革命根据地对中国革命的指导思想——毛泽东思想的形成和发展发挥了巨大的作用。大革命失败后，毛泽东把马克思列宁主义的普遍原理与中国革命的具体实践相结合，集中党的集体智慧，科学地总结了中国革命的独特经验并作了理论上的概括，在中国革命道路、党的建设、军队建设和战略战术原则、土地革命的路线和政策、农村革命根据地的建设以及党的思想路线等一系列中国革命问题上，都作出了重要理论贡献。这不仅直接指导了革命根据地的建设和发展，而且在革命根据地的建设和实践中又促进了毛泽东思想的成熟、丰富和发展，从而为中国革命的胜利奠定了重要的思想理论基础，为马克思列宁主义的宝库增添了新的内容。

革命根据地的历史是中国共产党历史上一幅璀璨夺目、波澜壮阔的画卷。今天，学习和研究革命根据地的历史，对于汲取中国革命的历史经验，了解中国共产党为争取国家独立富强、人民生活幸福的艰难革命历程，发扬党的优良传统和作风，推动社会主义精神文明和物质文明建设，都有极为重要的意义。

参考书目

1. 江西人民出版社编《井冈山的武装割据》，江西人民出版社，1983。

2. 马齐彬、黄少群、刘文军著《中央革命根据地史》，人民出版社，1986。

3. 盛仁学、张军孝编写《中国工农红军各革命根据地简介》，解放军出版社，1987。

4. 魏宏运、左志远主编《华北抗日根据地史》，档案出版社，1990。

5. 马洪武主编《华中抗日根据地史论》，南京大学出版社，1991。

6. 陈廉编写《抗日根据地发展史略》，解放军出版社，1987。

7. 宋金涛、李忠全主编《陕甘宁边区政权建设史》，陕西人民出版社，1990。

8. 杨永华著《陕甘宁边区法制史稿》（宪法、政权组织法篇），陕西人民出版社，1992。

9. 军事科学院军事历史研究部编著《中国人民解放军战史》第1、2、3卷，军事科学出版社，1987。

10. 马洪武主编《中国革命根据地史研究》，南京大学出版社，1992。

《中国史话》总目录

系列名	序号	书名	作者
物化历史系列（28种）	25	陵寝史话	刘庆柱　李毓芳
	26	敦煌史话	杨宝玉
	27	孔庙史话	曲英杰
	28	甲骨文史话	张利军
	29	金文史话	杜　勇　周宝宏
	30	石器史话	李宗山
	31	石刻史话	赵　超
	32	古玉史话	卢兆荫
	33	青铜器史话	曹淑芹　殷玮璋
	34	简牍史话	王子今　赵宠亮
	35	陶瓷史话	谢端琚　马文宽
	36	玻璃器史话	安家瑶
	37	家具史话	李宗山
	38	文房四宝史话	李雪梅　安久亮
制度、名物与史事沿革系列（20种）	39	中国早期国家史话	王　和
	40	中华民族史话	陈琳国　陈　群
	41	官制史话	谢保成
	42	宰相史话	刘晖春
	43	监察史话	王　正
	44	科举史话	李尚英
	45	状元史话	宋元强
	46	学校史话	樊克政
	47	书院史话	樊克政
	48	赋役制度史话	徐东升

系列名	序号	书名	作者
制度、名物与史事沿革系列（20种）	49	军制史话	刘昭祥　王晓卫
	50	兵器史话	杨　毅　杨　泓
	51	名战史话	黄朴民
	52	屯田史话	张印栋
	53	商业史话	吴　慧
	54	货币史话	刘精诚　李祖德
	55	宫廷政治史话	任士英
	56	变法史话	王子今
	57	和亲史话	宋　超
	58	海疆开发史话	安　京
交通与交流系列（13种）	59	丝绸之路史话	孟凡人
	60	海上丝路史话	杜　瑜
	61	漕运史话	江太新　苏金玉
	62	驿道史话	王子今
	63	旅行史话	黄石林
	64	航海史话	王　杰　李宝民　王　莉
	65	交通工具史话	郑若葵
	66	中西交流史话	张国刚
	67	满汉文化交流史话	定宜庄
	68	汉藏文化交流史话	刘　忠
	69	蒙藏文化交流史话	丁守璞　杨恩洪
	70	中日文化交流史话	冯佐哲
	71	中国阿拉伯文化交流史话	宋　岘

系列名	序号	书 名	作 者
	72	文明起源史话	杜金鹏　焦天龙
	73	汉字史话	郭小武
	74	天文学史话	冯　时
	75	地理学史话	杜　瑜
	76	儒家史话	孙开泰
	77	法家史话	孙开泰
	78	兵家史话	王晓卫
	79	玄学史话	张齐明
	80	道教史话	王　卡
	81	佛教史话	魏道儒
思想学术系列（21种）	82	中国基督教史话	王美秀
	83	民间信仰史话	侯　杰
	84	训诂学史话	周信炎
	85	帛书史话	陈松长
	86	四书五经史话	黄鸿春
	87	史学史话	谢保成
	88	哲学史话	谷　方
	89	方志史话	卫家雄
	90	考古学史话	朱乃诚
	91	物理学史话	王　冰
	92	地图史话	朱玲玲

系列名	序号	书名	作者
文学艺术系列（8种）	93	书法史话	朱守道
	94	绘画史话	李福顺
	95	诗歌史话	陶文鹏
	96	散文史话	郑永晓
	97	音韵史话	张惠英
	98	戏曲史话	王卫民
	99	小说史话	周中明　吴家荣
	100	杂技史话	崔乐泉
社会风俗系列（13种）	101	宗族史话	冯尔康　阎爱民
	102	家庭史话	张国刚
	103	婚姻史话	张　涛　项永琴
	104	礼俗史话	王贵民
	105	节俗史话	韩养民　郭兴文
	106	饮食史话	王仁湘
	107	饮茶史话	王仁湘　杨焕新
	108	饮酒史话	袁立泽
	109	服饰史话	赵连赏
	110	体育史话	崔乐泉
	111	养生史话	罗时铭
	112	收藏史话	李雪梅
	113	丧葬史话	张捷夫

系列名	序号	书　名	作　者	
	114	鸦片战争史话	朱谐汉	
	115	太平天国史话	张远鹏	
	116	洋务运动史话	丁贤俊	
	117	甲午战争史话	寇　伟	
	118	戊戌维新运动史话	刘悦斌	
	119	义和团史话	卞修跃	
	120	辛亥革命史话	张海鹏	邓红洲
	121	五四运动史话	常丕军	
	122	北洋政府史话	潘　荣	魏又行
	123	国民政府史话	郑则民	
	124	十年内战史话	贾　维	
近代政治史系列（28种）	125	中华苏维埃史话	温　锐	刘　强
	126	西安事变史话	李义彬	
	127	抗日战争史话	荣维木	
	128	陕甘宁边区政府史话	刘东社	刘全娥
	129	解放战争史话	朱宗震	汪朝光
	130	革命根据地史话	马洪武	王明生
	131	中国人民解放军史话	荣维木	
	132	宪政史话	徐辉琪	付建成
	133	工人运动史话	唐玉良	高爱娣
	134	农民运动史话	方之光	龚　云
	135	青年运动史话	郭贵儒	
	136	妇女运动史话	刘　红	刘光永
	137	土地改革史话	董志凯	陈廷煊
	138	买办史话	潘君祥	顾柏荣
	139	四大家族史话	江绍贞	
	140	汪伪政权史话	闻少华	
	141	伪满洲国史话	齐福霖	

系列名	序号	书名	作者
近代经济生活系列（17种）	142	人口史话	姜涛
	143	禁烟史话	王宏斌
	144	海关史话	陈霞飞　蔡渭洲
	145	铁路史话	龚云
	146	矿业史话	纪辛
	147	航运史话	张后铨
	148	邮政史话	修晓波
	149	金融史话	陈争平
	150	通货膨胀史话	郑起东
	151	外债史话	陈争平
	152	商会史话	虞和平
	153	农业改进史话	章楷
	154	民族工业发展史话	徐建生
	155	灾荒史话	刘仰东　夏明方
	156	流民史话	池子华
	157	秘密社会史话	刘才赋
	158	旗人史话	刘小萌
近代中外关系系列（13种）	159	西洋器物传入中国史话	隋元芬
	160	中外不平等条约史话	李育民
	161	开埠史话	杜语
	162	教案史话	夏春涛
	163	中英关系史话	孙庆

系列名	序号	书　名	作　者
近代中外关系系列（13种）	164	中法关系史话	葛夫平
	165	中德关系史话	杜继东
	166	中日关系史话	王建朗
	167	中美关系史话	陶文钊
	168	中俄关系史话	薛衔天
	169	中苏关系史话	黄纪莲
	170	华侨史话	陈　民　任贵祥
	171	华工史话	董丛林
近代精神文化系列（18种）	172	政治思想史话	朱志敏
	173	伦理道德史话	马　勇
	174	启蒙思潮史话	彭平一
	175	三民主义史话	贺　渊
	176	社会主义思潮史话	张　武　张艳国　喻承久
	177	无政府主义思潮史话	汤庭芬
	178	教育史话	朱从兵
	179	大学史话	金以林
	180	留学史话	刘志强　张学继
	181	法制史话	李　力
	182	报刊史话	李仲明
	183	出版史话	刘俐娜
	184	科学技术史话	姜　超

系列名	序号	书名	作者
近代精神文化系列（18种）	185	翻译史话	王晓丹
	186	美术史话	龚产兴
	187	音乐史话	梁茂春
	188	电影史话	孙立峰
	189	话剧史话	梁淑安
近代区域文化系列（二种）	190	北京史话	果鸿孝
	191	上海史话	马学强　宋钻友
	192	天津史话	罗澍伟
	193	广州史话	张　磊　张　苹
	194	武汉史话	皮明庥　郑自来
	195	重庆史话	隗瀛涛　沈松平
	196	新疆史话	王建民
	197	西藏史话	徐志民
	198	香港史话	刘蜀永
	199	澳门史话	邓开颂　陆晓敏　杨仁飞
	200	台湾史话	程朝云

《中国史话》主要编辑
出版发行人

总　策　划	谢寿光	王　正	
执行策划	杨　群	徐思彦	宋月华
	梁艳玲	刘晖春	张国春
统　　筹	黄　丹	宋淑洁	
设计总监	孙元明		
市场推广	蔡继辉	刘德顺	李丽丽
责任印制	岳　阳		